Georg Leichmann

Beiträge zur Naturgeschichte der Isopoden

Georg Leichmann

Beiträge zur Naturgeschichte der Isopoden

ISBN/EAN: 9783743348189

Hergestellt in Europa, USA, Kanada, Australien, Japan

Cover: Foto ©ninafisch / pixelio.de

Manufactured and distributed by brebook publishing software (www.brebook.com)

Georg Leichmann

Beiträge zur Naturgeschichte der Isopoden

BIBLIOTHECA ZOOLOGICA.

Original-Abhandlungen
aus
dem Gesammtgebiete der Zoologie.

Herausgegeben

von

Dr. Rud. Leuckart   und   **Dr. Carl Chun**
in Leipzig   in Königsberg.

Heft 10.

Beiträge zur Naturgeschichte der Isopoden.
Von **Georg Leichmann**.

CASSEL.
Verlag von Theodor Fischer.
1891.

Beiträge
zur
Naturgeschichte der Isopoden.

Von

Georg Leichmann.

Heft 10.

Mit 7 Tafeln.

CASSEL.
Verlag von Theodor Fischer.
1891.

Seinem hochverehrten Lehrer

Herrn Professor Dr. Carl Chun in Breslau

in Dankbarkeit gewidmet

vom Verfasser.

Einleitung.

In vorliegender Abhandlung sind drei kleinere Untersuchungen, welche Fragen aus der Anatomie, Entwickelungsgeschichte und Biologie einzelner Isopodengattungen behandeln, zu einem Ganzen vereinigt worden. Diese Untersuchungen, deren wesentlichste Ergebnisse ich bereits durch vorläufige Mittheilungen im zoologischen Anzeiger bekannt gemacht habe, sind im zoologischen Institut zu Königsberg mit mehrfachen Unterbrechungen während der Jahre 1887, 1888 und 1890 ausgeführt.

Das Material, soweit es nicht dem süssen Wasser angehört, habe ich der Danziger Bucht und einem angrenzenden Brackwasser entnommen, wozu mir durch einen mehrwöchentlichen Aufenthalt in Neufahrwasser im Sommer 1887 an der z. Z. dort aufgestellt gewesenen transportabeln zoologischen Station Dank der Freundlichkeit des Herrn Prof. Dr. Chun Gelegenheit gegeben war.

Es ist mir eine angenehme Pflicht, Herrn Prof. Dr. Chun für das Interesse und die gütige Unterstützung, welche derselbe meiner Arbeit geschenkt hat, an dieser Stelle meinen aufrichtigsten Dank auszusprechen. Ebenso bin ich Herrn Conservator Künow zu grossem Dank verpflichtet für freundliche Anfertigung der Figuren 5, 8 und 9 auf Tafel 1.

Tapiau, im Juli 1891.

Der Verfasser.

I.
Zur Anatomie der Genitalorgane.

Ueber Reste einer hermaphroditischen Anlage der Geschlechtsdrüsen bei *Sphaeromiden*.

Durch die Untersuchungen von Bullar[1]) und Mayer[2]) ist die interessante Thatsache bekannt geworden, dass in der Familie der *Cymothoiden* ein typischer Hermaphroditismus ausgebildet ist. Bezüglich des anatomischen Baues der zwittrigen Genitaldrüsen hat sich gezeigt, dass dieselben vollkommen die männlichen und weiblichen Organe der frei lebenden, getrennt geschlechtlichen Isopoden wiederholen, dass sie einfach als eine Combination derselben zu betrachten sind. Wir finden jederseits unterhalb des Rückengefässes gelegen, ein einfaches Ovarium, an dessen vorderem Aussenrande die Hodenschläuche in der für die männlichen Asseln charakteristischen Dreizahl sich ansetzen. Dieselben laufen nach hinten in die beiden vasa deferentia aus, während die Oviducte etwas hinter den Hodenschläuchen ebenfalls am äusseren Rande der Ovarien ihren Ursprung nehmen. Ein Blick auf die zahlreichen, der Abhandlung von Mayer beigefügten Abbildungen lässt sofort erkennen, dass diese eigenthümlichen Zwitterdrüsen, wie schon Mayer betonte, lediglich die Summe der Sexualorgane der getrennt geschlechtlichen Formen darstellen.

Im Anschluss an diese Befunde und in der Voraussetzung, dass der Hermaphroditismus in dieser vereinzelten Gruppe eine sekundäre Erscheinung sein müsse, sprach Mayer die Vermuthung aus, dass sich in den getrennt geschlechtlichen Familien der Isopoden bereits Andeutungen einer zwittrigen Bildung der Genitalorgane vorfinden dürften. Seine eigenen Beobachtungen an den mit den *Cymothoiden* nahe verwandten Gattungen *Cirolana* und *Conilera* schienen diese Annahme zu bestätigen. Er fand nämlich, dass bei diesen die Ovarien nach vorne in je einen dreitheiligen Fortsatz auslaufen, welcher die Gestalt der drei Hodenschläuche nachahmt, während von ihrem hinteren Ende ein einfacher Faden sich nach der Stelle hin erstreckt, wo bei den Männchen die vasa deferentia zu münden pflegen.

Indessen gelang es ihm nicht, weitere Beweise für die muthmaassliche Bedeutung dieser Gebilde beizubringen, was um so wünschenswerther gewesen wäre, als die beigegebene Abbildung die Möglichkeit nicht ausgeschlossen erscheinen lässt, dass es sich in diesem Falle um Bindegewebselemente ge-

---

[1] Bullar. The generative organs of parasitic Isopoda. Journ. of anat. and physiol. XI. 1. 1876.
[2] Paul Mayer. Ueber den Hermaphroditismus bei einigen Isopoden. Mittheilungen aus der zoolog. Station zu Neapel. I. 1879.

handelt habe. Bei den ferner stehenden Gattungen Idothea und Oniscus, welche Mayer ebenfalls in dieser Hinsicht untersuchte, vermochte er überhaupt keine Andeutung ähnlicher Verhältnisse nachzuweisen.

Seitdem ist die von Mayer angeregte Frage mehrfach Gegenstand der Erörterung in der Isopodenliteratur gewesen, ohne jedoch in irgend einem bestimmten Falle zu einer sicheren Entscheidung zu gelangen. So deutete Weber[1]) gewisse Zellengruppen im Epithel der Samenblasen bei Trichonisciden als rudimentäre Eier; eine Auffassung, die durch La Valette[2]) späterhin zurückgewiesen wurde. Wenn andererseits Friedrich[3]) die von Lereboullet beschriebenen Anhänge an der Spitze der drei Hodenschläuche der Onisciden als Reste von Ovarien in Anspruch genommen hat, so scheint mir der Umstand, dass diese Gebilde in dreifacher Zahl jederseits vorhanden sind und ihre Lage an der Spitze der Hoden einer solchen Deutung wenig günstig zu sein. Durchmustern wir weiterhin die zahlreichen Darstellungen, welche wir über die Anatomie der Genitalorgane anderer Isopodenfamilien besitzen, so kann aus diesen keine Bestätigung der Hypothese Mayer's für weitere Formenkreise hergeleitet werden, wobei freilich nicht zu vergessen ist, dass alle jene Untersuchungen ohne besondere Rücksicht auf diesen Punkt angestellt worden sind.

Diesen teils anfechtbaren, teils negativen Befunden gegenüber habe ich bereits in einer vorläufigen Mittheilung[4]) darauf hingewiesen, dass es in der That eine Familie der *Isopoden* giebt, in der solche Reste einer hermaphroditischen Anlage der Geschlechtsdrüsen bei den Weibchen wenigstens in ganz charakteristischer Ausbildung angetroffen werden: die *Sphaeromiden*.

Als Untersuchungsobjekt diente *Sphaeroma rugicauda*. Ich fand dieselbe in einem kleinen Brackwasserbecken bei Neufahrwasser in unmittelbarer Nähe des Ostseestrandes, wo sie bereits von Zacharias[5]) erwähnt wird. Da dieses Becken „Der Kolk" den Ueberrest einer früheren Weichselmündung, ein künstlich von der See wie von dem Flusslauf abgeschlossenes Altwasser darstellt,[6]) so darf wohl vermutet werden, dass die Species zur Zeit der Verbindung des Kolks mit der Ostsee in denselben eingewandert ist. Während sie aber in der See verhältnissmässig selten (in der Danziger Bucht bisher überhaupt noch nicht) beobachtet worden ist, tritt sie dort namentlich am Ufer unter Steinen und in Höhlungen derselben, in ausserordentlicher Menge auf; ein Beweis, dass das brackige Wasser dem Leben der Art gans besonders günstig ist.

Ehe ich zur Beschreibung der Genitalorgane übergehe, will ich einige Bemerkungen über die äusseren Unterschiede der Geschlechter vorausschicken.

Noch 1873 stellte Hesse[7]) die Behauptung auf, dass die unter dem Gattungsnamen *Cymodocea* zusammengefassten Arten lediglich Männchen seien und als solche zur Gattung *Sphaeroma*, die allein

---

[1]) Archiv f. mikr. Anat. Bd. 19. 1881. p. 579.
[2]) Commentatio de Isopodibus. Bonnae 1883.
[3]) Die Geschlechtsverhältnisse der Onisciden. Inaug.-Diss. Halle 1883.
[4]) Zool. Anz. 1890. Nd. 351.
[5]) Zacharias. Faunistische Studien in westpreussischen Seen. Schriften der naturforsch. Gesellsch. in Danzig N. F. 6. Bd. 4. Heft, p. 56.
[6]) Siehe Seligo. Mittheilungen über Fischerei in Westpreussen I. Die Gewässer bei Danzig und ihre Fauna.
[7]) Hesse. Mémoire sur la famille des Sphéromiens etc. Ann. des sc. nat. 5 sér. XVII. 1873.

auf Weibchen begründet sei, gestellt werden müssten. Dem gegenüber betonte schon Harger[1], dass er von *Sph. quadridentata* typische Männchen gefunden habe, welche in ihrer äusseren Körperform den Weibchen vollkommen glichen und nur durch den Besitz von zwei penes am siebenten Thorakalsegment und durch die für die männlichen Asseln charakteristischen griffelförmigen Fortsätze am zweiten Pleopodenpaar ausgezeichnet seien. Nachdem dann später auch Gerstäcker[2] mitgetheilt hatte, dass er von *Sph. serratum* der Ostsee ebenfalls zahlreiche Männchen mit den genannten Charakteren beobachtet hätte, konnte die ohnehin kaum begründete Vermuthung Hesse's endgültig als widerlegt betrachtet werden.

Freilich enthalten die beiden citirten Angaben, in Form beiläufiger Notizen mitgetheilt und durch keinerlei Zeichnungen erläutert, Alles, was über die Männchen der Gattung *Sphaeroma* zu unserer Kenntniss gelangt ist. Es dürfte daher nicht überflüssig sein, auf eine Beschreibung der Geschlechtsthiere an der Hand von Abbildungen näher einzugehen, um so weniger, als die Männchen von *Sph. rugicauda* bisher nirgend erwähnt, noch in bildlicher Darstellung wiedergegeben worden sind.

Schon eine Betrachtung von der Rückenseite (Taf. I, Fig. 3 u. 4) zeigt, dass Männchen und Weibchen in ihrer äusseren Form nicht unwesentlich verschieden sind. Das Weibchen erscheint überall gleichmässig breit; die seitlichen Ränder des Körpers verlaufen nahezu parallel zu einander von vorn nach hinten; das Abdomen ist kurz und halbkreisförmig abgerundet. Beim Männchen dagegen spitzt sich der Körper nach dem Kopfe etwas zu und verbreitert sich gegen das Abdomen hin, welches sich seinerseits wieder beträchtlich nach hinten verschmälert und schliesslich in einen horizontal gerichteten schirmartig hervorragenden kurzen Schwanzfortsatz ausläuft. Bemerkenswerth ist, dass bei gleicher Grösse der Thiere das Abdomen beim Männchen bedeutend länger und im Ganzen mächtiger entwickelt ist, als beim Weibchen.

Noch deutlicher tritt der verschiedenartige Habitus bei Betrachtung von der Bauchseite hervor (Fig. 1 u. 2). Auch hier zeigt sich, dass das Abdomen des Männchens bei gleicher Körpergrösse erheblich länger und breiter ist und dass namentlich die beiden flossenartigen Spaltäste des letzten Pleopodenpaares bei diesem ganz besonders mächtig ausgebildet sind.

Die äusseren Genitalöffnungen des Weibchens liegen wie bei allen weiblichen Isopoden an der Basis des fünften Thorakalbeinpaares und erscheinen als schmale schräg gerichtete Spalte (Fig. 1 goe). Am zweiten, dritten und vierten Beinpaar treten uns die stummelförmigen Anlagen der Brutlamellen (lam) entgegen, die wir in Fig. V bei einem älteren Weibchen in vollkommener Ausbildung vor uns sehen.

Das Männchen (Fig. 2) besitzt am hinteren Rande des siebenten Brustsegments zwei kurze penes (pe), in welche die vasa deferentia hineinmünden. Diese verlaufen, wie wir schon bei äusserlicher Betrachtung durch die Haut hindurch wahrnehmen können, divergirend unter der Bauchdecke hin, um sich dann nach oben und vorn zurückzubiegen. Ueberdies sind die Männchen durch die beiden griffelförmigen Fortsätze (gr) am zweiten Pleopodenpaar ausgezeichnet, welche wohl nach Analogie anderer männlicher Isopoden als Hilfsorgane bei der Begattung aufzufassen sind.

[1] Harger, Sill. Amer. Jour. 3 ser. vol. 5 1873. p. 314.
[2] Gerstäcker Bronn, Klassen und Ordnungen. V. Bd. 2 Abth. p. 109.

In der Bildung der Mundtheile habe ich keine bemerkenswerthen Unterschiede nachweisen können. Ich begnüge mich daher, dieselben in Fig. 6 von einem Weibchen vergrössert wiederzugeben. (Siehe dazu die Tafelerklärung und vergl. Fig. V.)

Schliesslich sei noch bemerkt, dass die Geisselglieder des zweiten Fühlerpaares beim Männchen eine stärkere Behaarung aufweisen als beim Weibchen. (Um die Form der basalen Antennenglieder und die Art ihrer Insertion zu zeigen, ist in Fig. 7 der Kopf eines Weibchens von vorn betrachtet abgebildet; die Fühler der einen Seite sind hier entfernt, und wir sehen die Gruben, in welchen dieselben eingelenkt gewesen sind, freigelegt.)

Die Männchen tragen die ihnen eigenthümliche abweichende Körperform nicht von der Geburt an zur Schau, sondern nehmen dieselbe erst mit dem Eintritt der Geschlechtsreife an. In der Jugend gleichen sie den Weibchen in ihrer äusseren Erscheinung vollkommen und sind lediglich durch den Besitz der beiden penes kenntlich, welche frühzeitig nach den ersten Häutungen auftreten. Erst späterhin gehen sie durch einen oder mehrere Häutungsprozesse in die definitive männliche Form über, wobei gleichzeitig die griffelförmigen Fortsätze, die ich bei jugendlichen, noch nicht geschlechtsreifen Männchen niemals beobachten konnte, zur Entwickelung gelangen. Es tritt also offenbar erst mit der Annahme der typischen Männchenform die volle Geschlechtsreife und die Fähigkeit der Begattung ein.

Gehen wir nun zur Betrachtung der inneren Sexualorgane über, so treten uns zunächst beim Weibchen die Ovarien als zwei platte, zwischen Darm und Aorta gelegene Drüsen entgegen. Fig. 1, Taf. II stellt dieselben von einem Weibchen von etwa 2,5 mm Länge dar. Schon in diesem jugendlichen Stadium zeigen dieselben den für fast alle *Isopoden* charakteristischen Bau. Längs des ganzen Aussenrandes zieht sich ein schmaler Streifen hin, welcher dichtgedrängte Kerne in einem strukturlosen Plasma eingebettet enthält; das Keimlager (kl). Nach innen zu machen sich einzelne grössere Kerne bemerkbar, welche bereits einen Zellkörper um sich gebildet haben, während am inneren Rand des Ovariums die ältesten, deutlich als solche erkennbaren Eizellen gelegen sind. In der Gegend des fünften Brustsegments erscheint das Keimlager unterbrochen, indem hier die Ovidukte (od) ihren Ursprung nehmen, die, wie wir schon gesehen haben, sich nach der Bauchseite herüberbiegen, um an der Basis des fünften Thorakalbeinpaares nach aussen zu münden.

Am vorderen äusseren Rande des Keimlagers treten nun drei Fortsätze (f¹ f² f³) sehr auffällig hervor, welche man zunächst als Bindegewebsfäden anzusprechen geneigt sein wird, die zur Befestigung des Ovariums in der Leibeshöhle bestimmt sein dürften. Indessen überzeugt man sich bei der Präparation, dass dieselben nirgend mit dem peritonealen Bindegewebe in Zusammenhang stehen; sie können leicht mit dem Ovarium herausgelöst werden und zeigen stets unverletzte, scharf begrenzte Umrisse. In ihrer feineren Struktur sind diese Anhänge in keiner Weise von dem ovarialen Keimlager unterschieden; sie erweisen sich vielmehr als direkte Fortsetzungen desselben, indem sie dichtgedrängte Kerne in einem strukturlosen Plasma erkennen lassen. Mit dem fortschreitenden Wachsthum des Eierstockes nehmen die Anhänge an Grösse nicht zu und treten daher an älteren Ovarien viel weniger auffällig hervor, doch sind sie auch hier stets in charakteristischer Ausbildung und in oft wechselnder Form und Grösse nachweisbar (Taf. II, Fig. 2).

Vergleichen wir nun diese Darstellung eines jugendlichen Ovariums von *Sph.* rugicauda mit den Abbildungen, welche Mayer von den hermaphroditischen Genitaldrüsen der *Cymothoiden* gegeben hat, so lässt sich die Aehnlichkeit der drei erwähnten Fortsätze hinsichtlich ihrer Form und Insertion am Ovarium mit den Hodenschläuchen der letzteren nicht verkennen. Wie diese sind die beiden oberen Anhänge nahe bei einander angefügt, während der dritte etwas tiefer seinen Ursprung nimmt.

Wie Mayer gezeigt hat, ist der Hermaphroditismus der *Cymothoiden* als ein protandrischer zu bezeichnen. In der Jugend tritt die männliche Reife ein; die Hoden entwickeln sich zu mächtigen Schläuchen, die mit Spermatozoen gefüllt erscheinen. Erst im späteren Alter fungirt dasselbe Thier als Weibchen, indem die anfangs kleinen Ovarialdrüsen sich zu umfangreichen Eierschläuchen ausdehnen und die Oviducte zur Ausbildung kommen. Gleichzeitig werden die Hoden nun mehr und mehr zurückgebildet und schrumpfen schliesslich zu kleinen Anhängen an der Aussenseite der mächtigen Ovarien zusammen. Betrachten wir eine Abbildung, welche die Zwitterdrüse in diesem Stadium der weiblichen Reife zur Darstellung bringt, so tritt die Aehnlichkeit mit dem *Sphaeromiden*-Ovarium ganz besonders auffällig hervor.

Es kann nun mit Recht eingewendet werden, dass eine bloss morphologische Uebereinstimmung noch kein vollgiltiger Beweis für die Homologie der in Rede stehenden Gebilde sei. Indessen lässt sich diese noch auf anderem Wege wahrscheinlich machen. Ich fand nämlich ein Weibchen, bei welchem diese Anhänge abnorm gross entwickelt waren, derart, dass sie den Hodenschläuchen eines erwachsenen Männchens nahezu an Grösse gleichkamen. Ein solches Ovarium ist in Fig. 3, Taf. II abgebildet.

Wenn schon diese Variabilität der Grössenentwickelung verbietet, die fraglichen Gebilde als Bindegewebselemente oder als integrierende Theile des Keimlagers aufzufassen, so vollends ihre histologische Beschaffenheit in diesem Falle. Am Querschnitt (Taf. II, Fig. 4) zeigte sich, dass die Anhänge hier nicht mehr blosse Fortsetzungen des ovarialen Keimlagers darstellten, sondern dass sie mit epithelialer Wandung bekleidete, völlig ausgebildete Schläuche repräsentirten. Zur Entwickelung von Spermatozoen war es freilich auch hier nicht gekommen; vielmehr sehen wir das Innere der Schläuche angefüllt mit unregelmässig gehäuften Kernen von verschiedener Grösse, welche wohl Samenmutterzellen in verschiedenen Stadien der Entwickelung darstellen dürften.

Die männlichen Organe der *Sph. rugicauda* weichen in ihrem Bau von demjenigen anderer *Isopoden* nicht wesentlich ab. Sie treten uns in Form von drei Hodenschläuchen ($h^1 h^2 h^3$) jederseits entgegen (auf die Analogie derselben in Form und Anordnung mit den erwähnten Anhängen der Ovarien (Fig. 1, Fig. 3), sei hier nochmals hingewiesen), welche sich zu je einem vas deferens (vd) vereinigen. Diese biegen sich nach der Bauchseite herüber und münden getrennt an der Spitze der beiden oben beschriebenen penes am hinteren Rande des siebenten Brustsegments nach aussen. Schon bei jugendlichen Männchen von etwa 2,5 mm Körperlänge finden wir die Hoden wohl entwickelt vor (Taf. II, Fig. 5).

Bei der Zartheit und Durchsichtigkeit des jugendlichen Hodens lassen sich einzelne Eigenthümlichkeiten der inneren Struktur schon bei äusserlicher Betrachtung wahrnehmen. Die äussere Hülle der Drüsen sowohl wie der Ausführungsgänge wird durch ein grosszelliges Epithel gebildet. Die Spitze eines jeden Schlauches erscheint durch ein strukturloses mit zahlreichen Kernen versehenes Plasma angefüllt: das Keimlager der Samenmutterzellen. Bei jugendlichen Hoden nimmt dieses Keimlager fast die ganze innere Höhlung der Schläuche ein; indessen treten uns im unteren Theil derselben hier bereits Bündel von Spermatozoen entgegen, welche sich durch die feine parallele Längsstreifung als solche zu erkennen geben.

Unterhalb der Hodenschläuche am oberen etwas erweiterten Theil des vas deferens finden wir nun ein merkwürdiges Gebilde vor in Gestalt eines fadenförmigen Anhanges (f), welches bei anderen *Isopoden*-Familien bisher nicht beobachtet worden ist. Dasselbe setzt sich an das Epithel des vas deferens an und zeigt sich in seiner Struktur mit den erwähnten Anhängen der Ovarien völlig übereinstimmend, indem es in einem gemeinsamen Plasma zahlreiche gleichartige Kerne erkennen lässt.

Die Hoden älterer Männchen (Fig. 6) sind dadurch charakterisiert, dass der obere Abschnitt des vas deferens zu einer mächtigen Samenblase (vs) umgebildet erscheint, die mit dicht gehäuften Bündeln weissglänzender nadelförmiger Spermatozoen strotzend angefüllt ist. Auch hier finden wir nun jenen erwähnten Anhang (f) ganz regelmässig wieder vor, in seiner äusseren Form in so fern verändert, als er mit einem kurzen Stiel der Samenblase angefügt ist und in zwei entgegengesetzt gerichtete Zipfel ausläuft. Bei stärkerer Vergrösserung (Fig. 7) lässt das Gebilde durchaus dieselben Strukturverhältnisse erkennen, wie wir sie soeben am jugendlichen Hoden kennen gelernt haben.

Dieses gleichartige Verhalten am jugendlichen und am reifen Hoden zeigt zur Genüge, dass der Anhang mit der Bildung der Spermatozoen in keiner Beziehung stehen kann. Ebenso muss, nach der histologischen Struktur zu urtheilen, eine Deutung des Organs als Drüse zurückgewiesen werden, und es bleibt daher nichts übrig, als in demselben ein rudimentäres Gebilde zu erblicken. Indessen ergaben sich mir keinerlei Anhaltspunkte für die naheliegende Vermuthung, dass dasselbe als der Rest einer weiblichen Geschlechtsanlage zu betrachten sei.

Vielleicht werden auch hier Fälle abnormer Entwickelung über die wahre Bedeutung dieses Organs einen Aufschluss geben können; und zwar glaube ich, dass gewisse abweichend gestaltete Männchen, welche ich gelegentlich fand, zum Nachweis solcher Abnormitäten besonders geeignet sein dürften.

Ich habe vorher erwähnt, dass die Männchen der *Sph. rugicauda* in der Jugend bezüglich ihrer Körperform den Weibchen vollkommen gleichen und erst mit Eintritt der Reife ihre charakteristische Gestalt durch eine oder mehrere Häutungen annehmen. Gelegentlich kommt es indessen auch vor, dass ein Männchen die weibliche Form selbst im geschlechtsreifen Zustand noch beibehält. Ich fand einzelne derartige Exemplare, welche ich nach ihrer beträchtlichen Grösse zu urtheilen, als völlig ausgewachsene Individuen betrachten musste, und habe ein solches in Fig. 11, Taf. II von der Bauchseite abgebildet. In seiner Köperform, der Gestalt des Kopfes, des Abdomens durchaus als Weibchen erscheinend, giebt sich dasselbe lediglich durch den Besitz der beiden penes als Männchen zu erkennen. Bei der Präparation zeigte sich, dass diese Männchen vollkommen ausgebildete Hoden besassen, die von denen der normalen Männchen in keiner Weise unterschieden werden konnten und dass ihre Samenblasen mit reifen Spermatozoen angefüllt waren. Indessen fehlten denselben stets die griffelförmigen Anhänge am zweiten Pleopodenpaar, und es ist sonach die Annahme unvermeidlich, dass solche Männchen zur Begattung nicht fähig sind. Sehr merkwürdig ist schliesslich der Umstand, dass sich bei fast allen diesen Männchen stummelförmige Anlagen von Brutlamellen am zweiten, dritten und vierten Beinpaar ebenso wie bei jugendlichen Weibchen nachweisen liessen.

Leider war ich zur Zeit, als ich diese Männchen untersuchte, auf die fraglichen Gebilde am Hoden noch nicht aufmerksam geworden; denn da dieselben in dem den Hoden umhüllenden fettreichen pigmentirten Bindegewebe eingeschlossen sind, können sie leicht übersehen und erst bei eingehender Präparation sichtbar gemacht werden. Möglich, dass diese eigenthümlichen Anhänge bei den erwähnten, abnormen Männchen eine besondere Ausbildung zeigen, und dass es weiteren Untersuchungen gelingen wird, über die wahre Bedeutung derselben genauere Aufschlüsse herbeizuführen. Wenn ich es also dahingestellt sein lassen muss, ob bei den Männchen der *Sph. rugicauda* Reste einer zwittrigen Anlage der Genitaldrüsen nachweisbar sind, so glaube ich für die Weibchen die Existenz derselben unzweifelhaft dargethan zu haben.

Im Hinblick auf die hier dargestellten Befunde lag es nahe, zu vermuthen, dass die erste Anlage der Genitaldrüsen in beiden Geschlechtern eine übereinstimmende sei, und es durfte erwartet werden, bei Betrachtung ganz jugendlicher Formen weitere Anhaltspunkte für die Deutung der hier besprochenen eigenthümlichen Bildungen zu gewinnen. Indessen habe ich bei der vorgerückten Jahreszeit aus Mangel an hinreichendem Material diese Untersuchung nicht zum Abschluss führen können. Was ich darüber feststellen konnte, will ich im Folgenden in Kürze darlegen.

Die ersten Anlagen der Geschlechtsorgane treten uns bei neugeborenen Larven entgegen, wie sie in Fig. 8 und 9 Taf. I dargestellt sind. Da ich auf die äussere Organisation derselben im dritten Theil dieser Abhandlung näher zurückkomme, sei hier nur erwähnt, dass sie wie die meisten *Isopoden*-Larven den ausgebildeten Thieren bis auf den Mangel des siebenten Beinpaares fast vollkommen gleichen. Ein Querschnitt, etwa durch das fünfte Brustsegment einer solchen Larve hindurch gelegt (Taf. II. Fig. 8), lässt die wesentlichsten Eigenthümlichkeiten des inneren Baues überblicken.

Von der Rückendecke ziehen nach den Ansatzstellen der Extremitäten kräftige Muskelbänder hin, welche durchaus noch eine embryonale Struktur zur Schau tragen. Das Ganglion (ga) des Thorakalsegments ist relativ mächtig entwickelt. Es zeigt am unteren Rande eine Anhäufung von Ganglienzellen, während die Hauptmasse durch eng verschlungene Fasersysteme zusammengesetzt erscheint. Unterhalb des Rückens treffen wir die Aorta (ao) an, deren Wandung durch eine kernhaltige Bindegewebsmembran gebildet wird. Die Aorta setzt sich nach hinten, wie man sich an Schnitten durch die Abdominalregion überzeugen kann, in einen mächtigen Herzschlauch fort, dessen Bau eine Eigenthümlichkeit zeigt, welche in anderen *Isopoden*-Familien nicht beobachtet worden ist. Betrachten wir nämlich einen Querschnitt durch das Herz in der Gegend des Abdomens, so sehen wir, dass dasselbe durch eine schräg von oben nach unten verlaufende Wand in zwei Kammern getheilt ist (Taf. V, Fig. 6). Bei erwachsenen Thieren jedoch scheidet diese Wand nicht den Herzschlauch seiner ganzen Länge nach in zwei völlig getrennte Hälften, sondern sie geht nach vorne in eine Falte über, welche von der oberen zur unteren Herzwand herabhängt, ohne mit der letzteren in Verbindung zu stehen, und somit eine Kommunikation der beiden Kammern gestattet (Taf. VI, Fig. 3). Weiter nach vorne hin wird diese Falte immer kleiner (Fig. 4) und verliert sich schliesslich vollständig, indem sich das Herz in eine einfache Aorta fortsetzt (Fig. 5). Gleichzeitig zweigen sich an dieser Stelle zwei seitliche Gefässe vom Herzen ab, deren Verlauf ich nicht weiter verfolgen konnte (Fig. 6).

Der Darm der Larve (da) zeigt ein wohl entwickeltes Drüsenepithel und ausserhalb desselben eine Bindegewebslamelle. Neben dem Darm bemerken wir zwei Leberschläuche (le), quer durchschnitten mit embryonalem Charakter des Gewebes und zum Theil noch Dotterelemente in sich einschliessend.

Von der Bindegewebslamelle des Darmrohres ausgehend ziehen zwei Bindegewebszüge nach der Aorta herüber. An diesen treten zwei kleine Anschwellungen (w) auf: die ersten Anlagen der Genitaldrüsen. Fig. 9 stellt diese Partie stärker vergrössert dar. Die Wülste sind mit lebhaft gefärbten

Kernen von verschiedener Grösse angefüllt. Die kleineren derselben gleichen den Kernen des Bindegewebes und dürften die Grundlage des Epithels der Drüse bilden; die anderen, wohl auf vergrösserte Kerne der ersten Art zurückführbar, stellen zweifellos die jugendlichen Keimzellen dar. Ich vermuthe, dass es sich im vorliegenden Fall um die Anlage eines Ovariums handelt, da ich an jugendlichen Hoden etwas späterer Stadien eine solche Verschiedenheit in der Grösse des Kernmaterials nicht habe nachweisen können. Die ganzen Wülste sind in der Längsrichtung des Körpers noch wenig ausgedehnt, vielleicht auf zwei bis drei Brustsegmente beschränkt, denn sie treten uns nur auf wenigen Schnitten einer Serie entgegen.

Bemerkenswerth ist, dass Ausführungsgänge auf diesem Stadium noch vollkommen vermisst werden. Indessen tritt ihre Anlage bei den Männchen wenigstens schon sehr frühzeitig nach der Geburt hervor. Bei einem sehr jugendlichen Männchen, das etwa eine Häutung durchgemacht haben mochte, und welchem das siebente Beinpaar noch vollkommen fehlte, konnte ich bereits die penes in Form kleiner Hautausstülpungen nachweisen. Auf Schnitten zeigte sich, dass im Anschluss an dieselben auch Anlagen der vasa deferentia entwickelt waren, die sich jedoch nicht bis zum Zusammenhang mit dem Hoden verfolgen liessen. Es darf daraus wohl geschlossen werden, dass wenigstens die distalen Abschnitte derselben durch eine Einstülpung der äusseren Haut und unabhängig vom Hoden ihre Entstehung nehmen.

Die Hoden stellen zu dieser Zeit zwei schmale langgestreckte, nach vorn in zwei Zipfel, die ersten Anlagen der Hodenschläuche, auslaufende Bänder dar (Taf. II. Fig. 10). Das ganze Gewebe des jugendlichen Hodens setzt sich aus einem gleichartigen Kernmaterial zusammen, welches ohne deutliche Zellgrenzen in einer gemeinschaftlichen plasmatischen Grundsubstanz eingelagert ist.

Ueber die ersten Stadien der weiblichen Geschlechtsdrüsen vermag ich keine näheren Angaben zu machen. Was jedoch die Entwickelung der Oviducte betrifft, so habe ich diese zwar nicht bei *Sph. rugicauda*, wohl aber bei *Asellus aquaticus* eingehender verfolgen können. Ihre Anlage scheint hier sehr spät zu beginnen und zwar bei Weibchen, deren siebentes Beinpaar schon vollkommen entwickelt ist. Fig. 5, Taf. III stellt einen Querschnitt durch das fünfte Thorakalsegment eines solchen dar.

Die oberhalb des Darmes gelegenen, sehr kleinen Ovarien (ov), lassen deutlich die in Bildung begriffenen jugendlichen Eizellen erkennen. Indessen bemerkt man noch keine Kommunikation derselben nach aussen hin, und wenn man eine Serie von Schnitten durchmustert, findet man nichts, was als eine Anlage der Ausführungsgänge von den Geschlechtsdrüsen aus zu deuten wäre. Dagegen bemerkt man in der Region des fünften Brustsegments zwei in die Leibeshöhle vorragende umgekehrt trichterförmige Einstülpungen (od) der Hypodermis, welche, mit ihren Spitzen gegen die Ovarien gerichtet, als die Anlagen der Oviducte betrachtet werden müssen. Die epithelialen Wandungen der eingestülpten Partieen erscheinen gegenüber der Hypodermis, aus welcher sie hervorgegangen sind, von den Umbiegungsstellen an erheblich verdickt (Taf. III, Fig. 8c), und äusserlich von einer Bindegewebslage umkleidet.

Diese Einstülpungen dringen nun weiter gegen die Geschlechtsdrüsen vor und verwachsen schliesslich mit denselben, indem ihre bindegewebige Hülle direkt in die Bindegewebemembran der Ovarien übergeht.

Die Eibildung.

Die Eibildung bei den *Isopoden* ist vielfach untersucht worden und es könnte scheinen, dass dieses Thema völlig erschöpft sei. Dennoch sind einzelne hierauf bezügliche Fragen, insbesondere die Art und Weise der Follikelbildung, bisher nicht genügend klar zur Darstellung gekommen.

Sehen wir von einigen parasitischen Formen ab, welche durch eigenartige anatomische Verhältnisse ausgezeichnet sind, so lassen die Ovarien überall den gleichen Bau erkennen. Sie bilden zwei mehr oder weniger lang gestreckte Schläuche, welche symmetrisch oberhalb des Darmes und unterhalb des Rückengefässes sich in der Längsrichtung des Körpers hinziehen.

Leuckart[1]) zeigte zuerst an den Gattungen *Oniscus* und *Armadillo*, dass das Keimlager auf einem schmalen, am Aussenrande eines jeden Ovariums entlang laufenden Streifen angeordnet ist; ein Verhältniss, welches sich als ganz allgemein giltig für alle normal gebauten Familien der *Isopoden* hat nachweisen lassen.

Die erste genauere Untersuchung der Anatomie des Eierstockes und des Eibildungs-Prozesses, speziell bei *Asellus aquaticus*, verdanken wir van Beneden.[2]) Er unterschied neben dem Keimlager den nach der Medianlinie zu gelegenen Abschnitt des Ovariums, in welchem die reifen Eier angetroffen werden, als Dotterlager. (Insofern durch diese Benennung eine Analogie mit den Plattwürmern begründet werden sollte, hat man dieselbe in der Folge sehr bald wieder fallen lassen.)

Die Wand des Dotterlagers soll sich nach van Beneden aus drei Schichten zusammensetzen und zwar von innen nach aussen fortschreitend aus dem eigentlichen Ovarialepithel, einer strukturlosen tunica propria und schliesslich einer bindegewebigen Hülle. Nach dem Aussenrande des Ovarialschlauches hin gehen diese Epithelien in das schon von Leuckart beschriebene Keimlager über, einen strukturlosen plasmatischen Streifen, welcher zahlreiche Kerne, durch keine deutlichen Zellgrenzen von einander getrennt, in sich eingeschlossen enthält. Diese Kerne liefern das Bildungsmaterial für die jugendlichen Eikeime, indem sie sich vergrössern, sich mit einem diskreten Zellkörper umgeben und in das Dotterlager hinüberrücken, wo sie unter reichlicher Ablagerung von Dotter heranzuwachsen beginnen; indem immer neue Eikeime vom Keimlager aus nachrücken, werden die älteren Eier nach dem inneren Rande des Ovariums hinübergedrängt.

Hier findet man nun dieselben nach van Beneden stets von einem geschlossenen Follikelepithel umhüllt, welches vom Epithel des Dotterlagers aus dadurch, dass dieses zwischen die einzelnen Eier hineinwächst, gebildet werden soll.

Gegen diese Auffassung von der Entstehung des Follikelepithels wendet sich La Valette,[3]) welcher die Eibildung bei den *Onisciden* untersuchte. Er beschreibt lediglich zwei Hüllen des Eierstockes, das Bindegewebsepithel und die tunica propria. Die Existenz eines Follikelepithels giebt er zu, betont aber zugleich, dass dasselbe nicht nur den älteren, sondern auch den jugendlichen Eizellen zu-

---

[1]) R. Leuckart in Wagner's Handwörterbuch der Physiologie, Bd. IV. 1853.
[2]) Van Beneden, Recherches sur l'embryogénie des Crustacés I. Observations sur le développement de l'Asellus aquaticus, Bull. de l'acad. roy. d. sc. de Belg. 2 sér. XVIII. 1869 und Recherches sur la comp. et la signif. de l'oeuf, Mém. cour. des sav. étr. publ. par l'acad. roy. de sc. de Belg. XXXIV. 1870.
[3]) La Valette, Commentatio de Isopodibus, Bonnae 1883.

komme, und spricht schliesslich die Vermuthung aus, dass die Zellen dieses Follikelepithels mit den Eizellen gemeinschaftlichen Ursprungs, dass beide vom Keimlager herzuleiten seien.

Da wohl anzunehmen ist, dass bei *Asellus* und den *Oniscideu* analoge Verhältnisse ausgebildet sind, so stehen beide Anschauungen sich unvermittelt gegenüber. In der That ist es schwierig, durch eine Untersuchung, welche sich auf Betrachtung des Ovariums in toto beschränkt, zu entscheiden, welche die richtige sei; dagegen giebt ein Querschnitt hierüber sicheren Aufschluss.

Die Strukturverhältnisse, welche ein Querschnitt durch ein Ovarium von *Asellus aquaticus* (Taf. VI. Fig. 1) darbietet, erinnern lebhaft an das Bild einer Eiröhre eines Insektenovariums. Wir sehen hier, dass der Eierstock, wie La Valette angiebt, von zwei Hüllen umgeben ist: einer äusseren Bindegewebsmembran (bep), welche zerstreute, länglich platte Kerne aufweist, und einer darunter liegenden tunica propria (tpr), während ein inneres Ovarialepithel, wie es van Beneden beschreibt, durchaus vermisst wird.

Am zugespitzten Ende des Querschnittes, welcher dem Aussenrande des Ovariums entspricht, treffen wir das Keimlager an (kl), eine Anhäufung von Kernen, welche in einem gemeinschaftlichen Plasma eingelagert sind. Ob die beiden Hüllmembranen des Ovariums sich auch über dieses Keimlager hinwegziehen, oder ob sie continuirlich in dasselbe übergehen, lässt sich auch hier nicht mit Sicherheit entscheiden.

In der Region unmittelbar neben dem Keimlager bemerken wir nun einzelne stark vergrösserte Kerne (k, k), welche offenbar als jugendliche, in Bildung begriffene Keimbläschen zu betrachten sind, indessen noch keinen deutlichen Zellkörper in ihrer Umgebung erkennen lassen. Sie sind von einem körnigen, stark färbbaren chromatischen Inhalt erfüllt, unterscheiden sich aber von den älteren Keimbläschen durch den Mangel eines diskreten nucleolus. Weiterhin treffen wir charakteristische junge Eizellen an, deren ansehnliche Keimbläschen durch ein lockeres chromatisches Netzwerk und meist zwei nucleoli von verschiedener Grösse ausgezeichnet sind. Der innere Rand des Ovariums wird schliesslich durch eine ältere Eizelle eingenommen mit reichlichem Dotter und einem Keimbläschen, das einen einzigen grossen nucleolus in sich einschliesst. Dieses Ei, ebenso wie die jüngeren und jüngsten Eikeime sind an ihrer Peripherie von zahlreichen Kernen umgeben, welche mit denen des Keimlagers in Grösse und Struktur übereinstimmen und welche wir als die Kerne des Follikelepithels ansprechen müssen.

Es bestätigt sich also die Angabe La Vallette's, dass schon die jüngsten Eier mit Follikelzellen versehen sind. Dass dieselben ihrem Ursprung nach auf die Kerne des Keimlagers zurückzuführen sind, kann nach einem Blick auf Figur 1 nicht zweifelhaft sein, und wir werden uns hiernach die Ei- und Follikelbildung bei *Asellus aquaticus* folgendermassen vorzustellen haben.

Vom Keimlager lösen sich kleine Gruppen von Kernen los und rücken gegen das Innere des Ovarialschlauches vor. Ein central gelegener Kern einer solchen Gruppe vergrössert sich stark, umgiebt sich mit einem Zellkörper und bildet sich zu einer jugendlichen Eizelle um, indess die übrigen, peripheren Kerne ihre ursprüngliche Grösse beibehalten und im Umkreis der Eizelle als Follikelepithel zusammenschliessen. Mit dem fortschreitenden Wachsthum der Eizelle vergrössert sich auch das Follikelepithel durch fortgesetzte Theilung seiner Zellen. Ein Querschnitt durch ein Ovarium von *Sphaeroma rugicauda* zeigte durchaus dieselben Strukturverhältnisse, wie sie hier für *Asellus* beschrieben worden sind.

Es bleibt mir schliesslich noch übrig, über die Natur der Eihüllen, welche am reifen Ei des *Asellus aquaticus* zur Ausbildung kommen, einige Worte zu sagen. Nach Sars[1] und Dohrn[2] soll das reife, in den Brutraum übertretende Ei von zwei Membranen umhüllt sein. Die äussere ist als Chorion bezeichnet und ziemlich allgemein als ein Derivat des Follikelepithels in Anspruch genommen worden; über die innere sind die Ansichten getheilt. Während Sars und Dohrn sie als Dotterhaut betrachten, leugnet van Beneden ihre Existenz bei frisch gelegten Eiern überhaupt und glaubt sie erst nach Ablauf der ersten Furchungen nachweisen zu können. Er betrachtet sie infolge dessen als eine Bildung der Blastodermzellen, gewissermassen als das Produkt einer ersten Häutung des Embryos und bezeichnet sie als cuticule blastodermique.

Ich vermag mich den diesbezüglichen Ausführungen von Beneden's nicht anzuschliessen. Ich konnte die innere Eimembran bereits an Eiern nachweisen, welche sich durch den im Centrum sichtbaren ersten Furchungskern deutlich als ungefurchte zu erkennen gaben. Auch glaube ich dieselbe an Querschnitten durch Eier, welche in der Bildung der Richtungskörper begriffen waren, als feinen Contour über der sich vorwölbenden Richtungsspindel bemerkt zu haben. (Taf. IV, Fig. 9).

[1] Sars, Histoire naturelle des Crustacés d'eau douce de Norvége. 1. Les Malacostracés. 1867.
[2] Dohrn, Die embryonale Entwickelung des *Asellus aquaticus*. Zeitschr. f. wissensch. Zool. XVII. 1867.

II.

Die Eireifung und die damit zusammenhängenden Erscheinungen.

Die Reifungserscheinungen des Arthropoden-Eies sind erst in den letzten Jahren Gegenstand eingehender Untersuchungen geworden.

Wenn durch die Arbeiten von Stuhlmann[1]) und Henking[2]) die Vermutung erweckt worden war, dass an den mit einem reichen Dotter ausgestatteten Eiern dieser Tiergruppe eigenartige Reifungserscheinungen ausgebildet sein möchten, so haben die Untersuchungen von Blochmann[3]) und Weismann[4]) diese Annahme sehr bald als eine irrige erwiesen.

Es hat sich gezeigt, dass an den sehr dotterreichen Eiern der Insekten und einzelner *Daphniden* die Reifung durch Bildung von Richtungskörpern in ganz ähnlicher Weise vor sich geht wie bei allen andern bisher daraufhin untersuchten Thiergruppen. Im Anschlusse an diese Ergebnisse theilte ich in einer kurzen Notiz mit,[5]) dass ich an den Eiern einer Assel, des *Asellus aquaticus* ebenfalls eine normale Bildung von Richtungskörpern beobachtet hätte. Die genaueren Resultate meiner diesbezüglichen Untersuchungen erlaube ich mir in der vorliegenden Abhandlung darzulegen.

Je allgemeiner die Verbreitung der hier in Rede stehenden Erscheinungen im ganzen Thierreich nachgewiesen wurde, je mehr die Ueberzeugung von der prinzipiellen Wichtigkeit derselben sich befestigte, um so lebhafter trat in neuster Zeit die Frage nach den feineren karyokinetischen Prozessen, welche dabei eine Rolle spielen, in den Vordergrund des Interesses. An günstigen Objekten ist es inzwischen gelungen, diese Frage in sehr befriedigender Weise ihrer Lösung entgegenzuführen. Nichts desto weniger erscheint die Forderung nach einer möglichst vielseitigen Bestätigung und Prüfung der gewonnenen Ergebnisse durch Beobachtungen an anderen Thiergruppen als durchaus berechtigt.

Unter den dotterreichen Eiern der Arthropoden kann dasjenige von *Asellus aquaticus* vielleicht als eines der günstigeren Objekte für derartige Untersuchungen betrachtet werden. Wenn auch durch den stark angehäuften Nahrungsdotter und die dadurch bedingte Undurchsichtigkeit der Eier, welche

---

[1]) Stuhlmann. Die Reifung des Arthropodeneies. Ber. d. naturf. Ges. zu Freiburg i. Br. Bd. I. 1886.
[2]) Henking. Untersuchungen über die Entwickelung des Phalangideneies. Zeitschr. f. wiss. Zool. XLV. 1887.
[3]) Blochmann. Ueber die Richtungskörper bei Insecteneiern. Morph. Jahrb. XII. 1887.
[4]) Weismann und Ischikawa. Ueber die Bildung der Richtungskörper bei thierischen Eiern. Bericht der naturf. Ges. zu Freiburg i. B. III, 1887.
[5]) Zool. Anzeiger 1887, p. 533.

ein Zerlegen in Schnitte nothwendig macht, der Untersuchung dieselben Schwierigkeiten in den Weg gelegt werden wie bei den meisten Arthropodenciern, so sind andrerseits die Richtungsfiguren verhältnissmässig gross und durch eine geringe Zahl und übersichtliche Anordnung der chromatischen Elemente ausgezeichnet. Diese Umstände bestimmten mich, auch die karyokinetischen Vorgänge, soweit es möglich war, an den mir vorliegenden Präparaten zu verfolgen.

Andererseits haben speziell bei den *Isopoden* gewisse Vorgänge am mütterlichen Organismus, welche die Eireifung begleiten, durch die Untersuchungen von Schöbl[1]) und Friedrich[2] an *Oniscideu* neuerdings besonderes Interesse gewonnen. Es wird somit auch die Frage zu erörtern sein, in wie fern den von jenen Forschern geschilderten merkwürdigen Vorgängen eine allgemeinere Verbreitung unter den Asseln zuzuerkennen ist.

Die hier gegebene Darstellung beschränkt sich vorwiegend auf *Asellus aquaticus*. Da derselbe leicht in reichlicher Menge zu beschaffen ist und ohne Schwierigkeit in der Gefangenschaft fortpflanzungsfähig erhalten werden kann, bietet er alle Vortheile, welche zu einer derartigen Untersuchung wünschenswerth sind.

Ich gehe zunächst auf die Umgestaltungen am weiblichen Organismus ein, welche der Eireifung theils vorausgehen, theils dieselbe begleiten.

Die Bildung des Brutraums.

Zur Zeit der Geschlechtsreife treten bei den weiblichen Asseln eigenthümliche lamellöse Anhänge an der Basis einzelner Thorakalbeinpaare auf, welche unterhalb der Brust eine geräumige, zur Aufnahme der sich entwickelnden Eier bestimmte Bruthöhlung abschliessen. Diese sogenannten Brutlamellen haben sich in allen Familien der *Isopoden*, abgesehen von einigen auch sonst sehr abnorm gestalteten Formen, als charakteristische Schutzorgane der Brut nachweisen lassen. Indessen sind über die feinere Struktur und die Entwicklung derselben bisher nur wenige und unzureichende Daten bekannt geworden.

Was zunächst die Entwicklung dieser Organe anbetrifft, so hat erst neuerdings Friedrich[3]) einige auf die Familie der *Oniscideu* bezügliche Angaben veröffentlicht. Hiernach legen sich dieselben ursprünglich als Verdickungen der Chitinogenmembran an. Bei geschlechtsreifen Weibchen liegen sie als fertig gebildete Organe zusammengefaltet in der Lücke zwischen der Hypodermis und der Cuticula der Brustsegmente eingeschlossen, bis sie durch eine Häutung kurz vor der Eiablage enthüllt werden.

Bei *Asellus aquaticus* nimmt die Entstehung dieser Organe einen etwas abweichenden Verlauf. Bereits bei ganz jugendlichen Weibchen, deren Ovarien in den ersten Stadien der Dotterbildung begriffen sind, wölbt sich die Hypodermis an den späteren Ansatzstellen der Brutlamellen zu kleinen Erhebungen vor, und diese wachsen zu kurzen, schmalen nach der Medianlinie des Körpers gerichteten Fortsätzen aus, welche unter der zarten Chitinhaut der Brustsegmente schon bei äusserlicher Betrachtung des Thieres sichtbar sind. Wie der in Fig. 1 (Taf. III) abgebildete Querschnitt erkennen lässt, sind diese Fortsätze nicht als blosse Verdickungen der Haut zu betrachten, sondern als Ausstülpungen, als Duplikaturen der Hypodermis, deren inneres Lumen mit der Leibeshöhle in offener Verbindung steht. Ausserdem bemerkt man am Quer-

---

[1]) Schöbl. Die Fortpflanzung isopoder *Crustaceen*. Archiv f. mikr. Anat. Bd. 17.
[2]) Friedrich. Die Geschlechtsverhältnisse der *Oniscideu*. Inaug.-Diss. Halle, 1883.
[3]) Friedrich, l. c.

schnitt, dass sich die Hypodermis an den inneren Ansatzstellen eines jeden dieser Fortsätze zu einer kleinen, schräg nach aussen gerichteten Leiste (l) vorwölbt. Bei der nächsten Häutung treten dann diese Fortsätze als kleine griffelförmige Anhänge an der inneren Basis der vier ersten Thorakalbeinpaare frei nach aussen hervor. Sie bilden die erste Entwicklungsstufe der Brutlamellen.

Die weitere Entwicklung derselben bietet äusserlich keine besonderen Eigenthümlichkeiten dar. Wie alle Anhangsgebilde des Arthropodenkörpers wachsen sie in Perioden von einer Häutung zur nächstfolgenden, und zwar treten sie bereits nach einer zweiten Erneuerung des Chitinpanzers in einer so erheblich verlängerten Gestalt wieder auf, dass sie in der Mittellinie des Körpers einander nahezu berühren. (Fig. 2).

Gleichzeitig mit ihrem Längenwachsthum hat sich indessen im Inneren eine bemerkenswerthe histologische Veränderung vollzogen, wie Fig. 2 an einem Querschnitt durch das vierte Thorakalsegment erkennen lässt. Die beiden Hypodermisblätter, welche die obere und untere Wand der Fortsätze auskleiden, erscheinen durch vielfache zarte plasmatische Fasern untereinander verbunden. Diese Fasern, Ausläufer der hypodermalen Zellen, theilen den ganzen Binnenraum der Lamelle in ein überaus feines System communicirender Gänge und Höhlungen, welche ihrerseits zur Aufnahme von Blutströmen bestimmt sind, wie die zahlreichen in ihnen suspendirten Blutkörperchen (b,b) beweisen.

So, durch reichliche Ernährung gefördert, schreitet das Wachsthum der Lamellen in der nun folgenden Periode bis zur nächsten Häutung sehr rasch vorwärts. Indem das hypodermale Gewebe sich mächtig in die Breite und in die Länge erweitert, schiebt es sich innerhalb der cuticularen Hülle zu dicht gedrängten zierlichen Falten zusammen, wobei gleichzeitig die elastische Chitinmembran beträchtlich nach allen Seiten ausgedehnt wird. Fig. 3 veranschaulicht diese Verhältnisse an einem Querschnitt durch das vierte Brustsegment eines Weibchens, welches kurz vor der Eiablage steht und im Begriff ist, die letzte Häutung durchzumachen, während Fig. 4 einen Querschnitt durch einen der ventralen Fortsätze etwas stärker vergrössert wiedergiebt.

Der Verlauf des Häutungsprozesses ist für die *Onisciden* von Schöbl und Friedrich (siehe l. c.) sehr eingehend geschildert worden. Bei *Asellus* erfolgt derselbe in ganz analoger Weise. Wie Fig. 3 zeigt, hat sich die alte Chitinhaut überall von den Körperwandungen gelockert und lässt unter sich die neugebildete, zarte cuticula erkennen, welche ihrerseits der matrix fest anliegt. Nachdem nun zwischen dem fünften und sechsten Thorakalsegment rings um den Körper ein Riss des alten Chitinpanzers erfolgt ist, wird die hintere Hälfte desselben im Zusammenhang zuerst abgestreift. Bald darauf folgt die vordere Hälfte nach und mit ihr die Hüllen, welche die Anlagen der Brutlamellen bisher umschlossen. Auf die feinere Struktur der fertig ausgebildeten Lamellen gehe ich an dieser Stelle nicht näher ein; sie wird im dritten Theil dieser Abhandlung eingehend geschildert werden.

Der wesentliche Unterschied in der Entwicklung der Brutlamellen bei *Porcellio scaber* und *Asellus aquaticus* besteht somach darin: Bei *Porcellio* erfolgt die ganze Anlage in der Lücke zwischen der Hypodermis und der cuticula der Brustsegmente und ist auf eine einzige Häutungsperiode beschränkt; bei *Asellus* dagegen treten die Lamellen sehr frühzeitig als äussere Anhänge hervor und ihre völlige Ausbildung nimmt drei Häutungsperioden in Anspruch. Offenbar ist in der sehr beträchtlichen Grösse der Brutlamellen bei *Asellus* der Hauptgrund für diese Verschiedenheit zu erkennen. Der Raum zwischen Hypodermis und cuticula ist nicht gross genug, um die sehr voluminöse Anlage dieser Organe in sich aufnehmen zu können; es müssen daher besondere Erweiterungen der Körperwand zur Bergung derselben geschaffen werden. Andererseits ist zu berücksichtigen, dass bei *Porcellio* jeder Häutungsprozess wegen der sehr beträchtlichen Stärke des Chitinpanzers viel tiefer greifende Störungen in dem Allgemeinbefinden des Organismus mit sich bringt, dass daher Häutungen auch wohl viel seltener erfolgen als bei *Asellus aquaticus*, dessen leichtes Chitinskelett eine häutige Erneuerung ohne Schwierigkeiten gestattet. Auch hierin kann ein Grund dafür erblickt werden, dass die Bildung der Brutlamellen bei *Porcellio* nicht über mehrere Häutungsperioden ausgedehnt werden konnte.

Ich glaube, dass die beiden hier erörterten Typen der Anlage der Brutlamellen mit geringen Modifikationen sich in allen Familien der *Isopoden* wiederfinden werden, und dass in jedem Falle die relative Grösse dieser Organe und die Häufigkeit der Häutungen für die Annahme des einen oder des anderen Bildungsmodus entscheidend gewesen sein wird[1].

Die Befruchtung und Ablage der Eier.

Sehr bald nachdem die Brutlamellen enthüllt worden sind und sich zum unteren Verschluss der Bruthöhlung vereinigt haben, erfolgt die Ueberführung der Eier in dieselbe. Die Art und Weise der Eiablage selbst nimmt in besonderem Grade unser Interesse in Anspruch, nachdem durch die Untersuchungen von Schöbl und Friedrich die merkwürdigen Erscheinungen bekannt geworden sind, welche in der Familie der *Oniscïden* diesen Vorgang begleiten. Hiernach treten gleichzeitig mit der Anlage der Brutlamellen weitere Umgestaltungen am Organismus der geschlechtsreifen Weibchen auf. Einerseits bilden sich als Ausstülpungen der Hypodermis der vier ersten Thorakalsegmente die sogenannten Brutschläuche oder Cotyledonen aus, welche bereits von Treviranus[2] beschrieben und als Ernährungsorgane der Brut in Anspruch genommen worden sind. Andererseits tritt bald nach erfolgter Begattung, nachdem die Spermatozoen in die Ovidukte aufgenommen sind, ein Verschluss der äusseren weiblichen Geschlechtsöffnungen dadurch ein, dass sich die neu gebildete Chitinhaut continuirlich über die Ausmündungen des Eileiter hinwegzieht. Gleichzeitig verdickt sich dieselbe an diesen Stellen zu einem soliden, nach innen vorspringenden Chitingriffel, welcher eine Strecke weit in die Höhlung des Ovidukts hineinragt. An Stelle der verloren gegangenen äusseren Geschlechtsöffnungen weist indessen die neue cuticula auf der Grenze zwischen dem fünften und sechsten Brustsegment einen breiten Querspalt auf, welcher seinerseits zur Ablage der Eier bestimmt erscheint.

Nachdem alle diese Umgestaltungen mit der Vollendung des Häutungsprozesses zum Abschluss gekommen sind, beginnen die Eier das Ovarium zu verlassen; sie gleiten an dem Chitingriffel entlang bis zum Ende des Ovidukts hinab, durchbrechen hier an einer Stelle das Gewebe desselben und gelangen in die Leibeshöhle, aus welcher sie schliesslich durch den erwähnten Querspalt in den Brutraum übergeführt werden.

Ich habe im Vorstehenden das wesentliche der Schilderung rekapitulirt, welche Schöbl und Friedrich übereinstimmend von diesen Vorgängen geben. Ich bezweifle nicht, dass die Beobachtungen,

---

[1] Wir werden weiterhin sehen, dass die Gattung *Sphaeroma*, welche sehr kleine Brutlamellen besitzt, sich bezüglich der Anlage derselben eng an die *Oniscïden* anschliesst. — Die mächtigen Lamellen, durch welche die Gattung *Serolis* ausgezeichnet ist, werden nach den Abbildungen von Studer (Arch. f. Nat. 1879, 15. Jahrg. in ganz analoger Weise wie bei *Asellus aquaticus* angelegt.

[2] Treviranus, Vermischte Schriften I. Theil.

welche dieser Schilderung zu Grunde liegen, richtig sind; indessen möchte ich hier auf einige Punkte aufmerksam machen, welche mir nicht genügend aufgeklärt zu sein scheinen und deren Richtigstellung vielleicht zu einer etwas abweichenden Deutung der beobachteten Erscheinungen geführt haben würde.

Wenn gezeigt wird, dass die Genitalöffnungen bei der Häutung durch die neugebildete cuticula verschlossen werden, so ist damit noch nicht bewiesen, dass die Oviducte nun in Wirklichkeit blind endigen. Wäre dies der Fall, so müsste gleichzeitig eine Verwachsung der hypodermalen Ränder der Genitalöffnungen eingetreten sein. Dass dies geschieht, wird von Schöbl und Friedrich nicht erwähnt; und dass es zum mindesten nicht vollständig geschehen sein kann, beweist das Vorhandensein des Chitingriffels, welcher in die Höhlung des Oviducts hineinragt. Es könnte sich also sehr wohl im Umkreis der Basis dieses Chitingriffels eine Ausführungsöffnung erhalten haben, welche zwar nicht nach aussen, sondern in den Raum zwischen cuticula und matrix des betreffenden Segments münden würde. Wir werden später sehen, dass bei *Sphaeroma* eine solche Einrichtung zu gewissen Zeiten in der That besteht.

Die Eier sollen weiterhin das Gewebe des Oviducts durchbrechen, um in die Leibeshöhle zu gelangen und aus dieser direkt in den Brutraum übertreten. Wenn eine solche Durchbrechung des Gewebes an und für sich nicht gerade als unwahrscheinlich bezeichnet werden kann, so muss es entschieden die Art, wie die Eier nunmehr in den Brutraum befördert werden. Soll dies in der geschilderten Weise geschehen, so kann sich der erwähnte Querspalt zwischen dem fünften und sechsten Segment nicht auf die cuticula allein beschränken, es muss an derselben Stelle auch eine Lücke im Gewebe der Hypodermis angenommen werden. Es würde also hier ein offener Communicationsweg zwischen der Leibeshöhle und der Bruthöhle vorhanden sein, durch welchen der Blutstrom ungehindert aus der einen in die andere hinüberfluten könnte. Wie verträgt sich dies mit der Oekonomie des Organismus? Man wird vielleicht einwenden, das austretende Blut sei nicht verloren, es ginge lediglich in den geschlossenen Brutraum über und könnte hier zur Ernährung der Brut Verwendung finden. Dass in gewissem Grade ein Uebergang mütterlichen Blutes in den Brutraum stattfindet, halte ich selbst für sehr wahrscheinlich und ich werde im dritten Theil dieser Abhandlung genauer darauf zu sprechen kommen; ich glaube aber nicht, dass es in dieser plumpen Weise geschehen kann. Welche tiefgreifende Veränderung müsste dadurch in der ganzen Circulation hervorgebracht werden; und wie kann man sich den Zu- und Rückfluss des Blutes durch eine und dieselbe Oeffnung vorstellen? Wie soll man sich schliesslich das Vorhandensein besonderer Organe zur Ernährung der Brut, der Cotyledonen, grade bei den *Onisciden* erklären, wenn ein direktes Uebertreten des mütterlichen Blutes in die Bruthöhle durch eine so einfache Vorrichtung bereits ermöglicht ist? An einen Verschluss des Spaltes während der Embryonalentwicklung kann ebenfalls nicht gedacht werden, da derselbe nach den Angaben der genannten Forscher zur Ablage eines zweiten Satzes von Eiern späterhin Verwendung findet.

Wir kommen also auf keine Weise über die Folgerungen hinweg, welche sich aus der Annahme einer freien Oeffnung der Leibeshöhle mit Nothwendigkeit ergeben. Gelangen aber die Eier wirklich in die Leibeshöhle selbst? Weder von Schöbl noch von Friedrich ist ein strikter Beweis für diese Behauptung gegeben worden. Falls, wie ich glaube, eine innere Mündung der Oviducte in der That fortbesteht, so könnten die Eier durch diese in die Lücke zwischen cuticula und matrix gelangen und von hier aus durch den Spalt der Chitinhaut in den Brutraum hinübergleiten, ohne dass eine offene

Communikation des letzten mit der Leibeshöhle angenommen werden dürfte. Ich glaube, dass sich eine solche Deutung des Vorganges mit den thatsächlichen Beobachtungen von Schöbl sehr wohl in Einklang bringen lässt; indessen werden erneute Untersuchungen zur völligen Aufklärung dieser Verhältnisse nothwendig sein.

Wie verhält sich nun die Sache in anderen *Isopoden*familien?

Neuerdings hat Rosenstadt[1]) die Fortpflanzung des *Asellus aquaticus* untersucht und die Mittheilung gemacht, dass er hier ähnliche Vorgänge, insbesondere ein Verschwinden der Genitalöffnungen vor der Eiablage ebenfalls constatirt habe. Auf Grund meiner eigenen Untersuchungen kann ich diese Angaben nicht als zutreffend bezeichnen. Ehe ich indessen zur Beschreibung dieser Verhältnisse übergehe, will ich zunächst einige Bemerkungen über die Struktur der weiblichen Geschlechtsgänge, welche hier in erster Linie in Frage kommen, vorausschicken.

Fig. 6 veranschaulicht an einem Querschnitt durch das fünfte Brustsegment eines Weibchens die Lage und Gestalt der fertig ausgebildeten Ovidukte. Auf die Einzelheiten der Gesammtorganisation, soweit sie sich auf dem Schnitt darbieten, sei hier in Kürze hingewiesen.

Das Darmrohr, welches in der Mittellinie des Körpers verläuft und im Querschnitt kreisförmig erscheint, lässt das für die Isopoden charakteristische grosszellige, platte Epithel erkennen. Dasselbe wird auf seiner Innenfläche durch eine zarte structurlose Intima, äusserlich durch eine dünne Muskelschicht bekleidet. Unterhalb des Darmes gruppiren sich die vier Leberschläuche, deren Epithel durch mächtige, halbkugelförmig in die innere Höhlung vorspringende Zellen gebildet wird. Eine innere Chitinlamelle analog der Intima des Darmes habe ich hier nicht bemerken können. Der Darm sowohl, wie die Leberschläuche sind äusserlich von einer zarten Bindegewebslage ausgekleidet, welche als eine Fortsetzung des allgemeinen Peritonealepithels betrachtet werden muss.

Die Wandung des im Querschnitt ebenfalls kreisförmigen Herzschlauches setzt sich aus zwei Schichten zusammen, von denen die äussere anscheinend structurlos ist, während die innere unregelmässig vertheilte Kerne erkennen lässt. Zarte Fäden befestigen das Herz an der bindegewebigen Wandung des geräumigen Pericardiums. Zu beiden Seiten des Pericardialraumes fallen die von Zenker zuerst beschriebenen, in ihrer Funktion noch unbekannten Drüsen (dr) ins Auge, deren Höhlung mit einem dunkeln Secret angefüllt ist.

Das Muskelsystem ist vorwiegend durch die mächtigen Muskeln charakterisirt, welche vom Rücken nach den Ansatzstellen der Extremitäten hinziehen. Ausserdem finden sich mehrere kräftige Längsmuskelzüge (l m), welche theils am Rücken oberhalb des Herzens, theils an der Bauchwand zu beiden Seiten der Ganglienkette (n) ihren Verlauf nehmen.

Die Ovarien (ov) sind oberhalb des Darmes gelegen; an der äusseren Seite derselben entspringen die Ovidukte (od), welche im schwachen Bogen ventralwärts verlaufend etwas vor der Ansatzstelle des fünften Beinpaares nach aussen münden. Die Wandung derselben setzt sich, wie ein Blick auf die stärker vergrösserte Abbildung Fig. IX lehrt, aus vier Schichten zusammen.

Das eigentliche Epithel des Ovidukts (e) erweist sich entsprechend seiner Entstehung (siehe p. 8) als directe Fortsetzung der Hypodermis und ist durch hohe cylinderförmige Zellen mit grossen länglich

---

[1] Rosenstadt, Beiträge zur Kenntniss der Organisation von *Asellus aquaticus* und verwandter *Isopoden*. Biol. Centr. S. 1888, 89, p. 161.

Bibliotheca zoologica. Heft X.

ovalen Kernen charakterisirt. Ueber die Innenfläche desselben breitet sich eine feine structurlose Intima (i) aus, eine Erweiterung der chitinösen cuticula der Körperhaut. Aeusserlich wird der Oviduct durch eine sehr zarte Bindegewebsmembran (h) umkleidet, welche als eine Fortsetzung des allgemeinen Peritonealepithels zu betrachten ist und, wie wir gesehen haben, mit der Bindegewebsschicht des Ovariums (b') zu einer zusammenhängenden Gewebelage verwächst. Ob dieselbe Muskelelemente mit sich führt, habe ich an den Schnitten nicht mit Sicherheit entscheiden können. Dagegen lässt sie auf ihrer Innenseite eine zarte Chitinlamelle (t) deutlich erkennen, die ihrerseits in die structurlose tunica propria (t') des Ovariums continuirlich übergeht.

Im Anschluss an die Ovidukte nimmt ein unscheinbares paariges Organ unsere Aufmerksamkeit in Anspruch, welches unmittelbar neben der Ausführungsöffnung (in Fig. VI u. IX bei k) gelegen ist. Ueber die physiologische Bedeutung dieses Organs habe ich nicht ins Klare kommen können. Dass dasselbe jedoch in seiner Funktion mit den Oviducten in naher Beziehung steht, geht daraus hervor, dass es bei ganz jungen Weibchen vollkommen fehlt und erst mit den Eileitern zugleich und im engen Anschluss an dieselben zur Entwicklung kommt. An Fig. VIII bemerken wir, dass an der inneren Umbiegungsstelle des in Bildung begriffenen Ovidukts die Hypodermis sich zu einer kleinen hügelförmigen Anschwellung (k) verdickt. Indem diese sich stärker vorwölbt, schnürt sie sich schliesslich ab und liegt dann als ein kleiner eiförmiger Körper in dem Winkel, welchen der aufsteigende Oviduct mit der Hypodermis bildet (Fig. VI, VII). Schon bei äusserlicher Betrachtung des Thieres kann es als ein weisser Fleck neben der Genitalöffnung wahrgenommen werden.

Wenn die Lage in unmittelbarer Nähe der Geschlechtsöffnung auf eine Drüse hindeutet, so erscheint eine solche Auffassung des Organs durch den Mangel eines Ausführungsganges und einer inneren Höhlung ausgeschlossen. Auf Schnitten wie Fig. IX und X zeigt sich, dass das fragliche Gebilde einen aus unregelmässig polygonalen Zellen zusammengesetzten Gewebekörper bildet, welcher lebhaft an das Chordagewebe der Vertebraten erinnert. Man könnte sonach vielleicht an ein Stützorgan denken, welches bestimmt sein mag, dem Oviduct an seiner Ausmündungsstelle eine gewisse Festigkeit zu verleihen.

Ehe die Reifung der Eier in den Ovarien ihren Anfang nimmt, geht an den Ovidukten eine eigenthümliche Veränderung vor sich. Bereits in dem auf Fig. IX abgebildeten Stadium macht sich eine kleine Auftreibung der mittleren Partie des Eileiters bemerkbar; gleichzeitig lässt das epitheliale Gewebe dieses Abschnittes gegenüber den angrenzenden Theilen des Ovidukts einen etwas differenten Charakter erkennen, bedingt durch die mehr rundliche Gestalt und randständige Lagerung der Zellkerne. Die Scheidung des Ovidukts in drei Abschnitte, welche hier vorbereitet ist, prägt sich in der Folge immer schärfer aus und findet erst bei völlig geschlechtsreifen Weibchen ihren Abschluss, nachdem sich die mittlere Partie zu einer mächtigen kugelförmigen Blase mit dünner Wandung erweitert hat (Fig. X). Das ursprüngliche hohe Cylinderepithel, welches diesen Abschnitt ebenso wie die benachbarten Theile des Eileiters charakterisirte, ist zu einer dünnen Membran auseinandergezogen, in welcher die Zellkerne durch weite Abstände von einander getrennt sind. An der dem Ovarium zugekehrten Seite erscheint die Blase eingedrückt, indem sich hier der proximale Abschnitt des Ovidukts wie der Stiel eines Trichters in die Höhlung derselben einsenkt, während sie sich auf der distalen Seite unter scharfer Einschnürung in den als vagina zu bezeichnenden kurzen Endabschnitt des Ausleitungsapparates fortsetzt.

Die veränderte Lagerung der Organe, bedingt durch das mächtige Wachsthum der Ovarien und die erwähnte Umgestaltung der Eileiter soll Fig. VII an einem Querschnitt durch das fünfte Segment eines völlig geschlechtsreifen Weibchens vor Augen führen.

Fragen wir uns nun, welches die physiologische Bedeutung dieser in den Verlauf des Ovidukts eingeschalteten Blase sein mag, so kann es nicht zweifelhaft sein, dass dieselbe bestimmt ist, bei der Befruchtung eine Rolle zu spielen. Bezüglich der äusseren Vorgänge bei der Begattung kann ich auf die eingehende Schilderung von Sars[1] verweisen. Von April bis September findet man die Männchen und Weibchen in der Copulation. Das Männchen umfasst dabei das kleinere Weibchen vom Rücken her zwischen dem zweiten und dritten Thorakalsegment und zwar so fest, dass es häufig nur mit Zerreissung dieser Extremität gelingt, das Paar zu trennen. In dieser Stellung verweilen sie viele Tage lang und gehen wie sonst eifrig ihrer Nahrung nach. Den Begattungsakt selbst hat Sars nicht beobachten können; er vermuthet aber, dass das Männchen den Moment der Eiablage abwarte, um die in den Brutraum übertretenden Eier zu befruchten. Er stützt sich dabei auf die Wahrnehmung, dass die Eier in den Brutraum abgelegt werden, ehe das Weibchen aus der Begattung entlassen worden ist. Dies ist indessen nicht immer der Fall. Vielmehr tritt die Häutung, durch welche die Brutlamellen enthüllt werden und somit die Ablage der Eier sehr häufig erst dann ein, wenn die Weibchen bereits isolirt sind. Wenn diese Thatsache schon an sich vollkommen genügt, um den Schluss zu rechtfertigen, dass die Befruchtung eine innerliche sein muss, so ist es andererseits leicht, die Spermatozoen in den weiblichen Geschlechtsgängen nachzuweisen. In welcher Weise allerdings die Einführung des Samens in die vagina erfolgt, habe ich ebenfalls nicht direkt beobachtet, jedoch kann man sich unschwer eine Vorstellung davon bilden.

Schon Sars wies darauf hin, dass die Abdominalfüsse des zweiten Paares, welche bei den Männchen eigenthümlich ausgebildet sind, während sie bei den Weibchen vollkommen fehlen, als Hilfsorgane bei der Begattung fungiren dürften. In der That bemerkt man bei den Männchen zur Zeit der Begattung, dass die beiden penes, in welche die vasa deferentia einmünden, an diese Abdominalfüsse fest angelegt sind und sich nur mit ihnen gemeinschaftlich bewegen. Die Begattung muss nun offenbar zuerst auf der einen, alsdann auf der anderen Seite stattfinden, da weder die Copulationsglieder, noch deren Hilfsorgane lang genug sind, um gleichzeitig vom Rücken her mit den beiden Vaginalöffnungen in Berührung treten zu können.

Untersucht man ein Weibchen, welches soeben aus der Begattung entlassen worden ist, so findet man die erweiterte Blase des Oviducts mit der voluminösen Samenmasse angefüllt. Dabei bemerkt man, dass die Spermatozoen zunächst nicht frei beweglich erscheinen, sondern durch ein schleimiges Secret, ein Ausscheidungsprodukt der vasa deferentia, zu einem einheitlichen und sehr umfangreichen Convolut vereinigt sind, Fig. X sp. Dieses Secret beginnt indessen sehr bald zu zerfallen und die frei gewordenen Samenfäden vertheilen sich regellos durch die innere Höhlung der Blase, Fig. VII. Hiermit scheint mir gleichzeitig die physiologische Funktion dieses Organs genügend erklärt zu sein. Es kann als ein receptaculum seminis betrachtet werden, dessen Bestimmung eine doppelte ist: einmal die voluminöse Samenmasse in sich aufzunehmen, alsdann den nöthigen Spielraum darzubieten, in welchem nach Auf-

[1] Sars, Histoire naturelle des Crustacés d'eau douce de Norvège. 1. Les Malacostracés. 1867.

lösung des umhüllenden Sekrets die Samenfäden ihre freie Beweglichkeit entfalten können. Schliesslich mag eine derartige Erweiterung des Oviduktes wohl auch nothwendig sein, um die zur Ablage der mächtigen Eier erforderliche Ausdehnungsfähigkeit desselben zu erhöhen.

Man könnte weiterhin vermuthen, dass das receptaculum zugleich auch der Ort sei, in welchem das Eindringen der Spermatozoen in den Dotter stattfindet; ich glaube indessen nicht, dass dies der Fall ist, aus folgenden Gründen. In Fig. 7 bemerken wir, dass zahlreiche Spermatozoen, zu dichten Bündeln vereinigt, in den engen Gang vorgerückt sind, welcher vom receptaculum nach dem Ovarium hinüberführt. Dies scheint mir mit Entschiedenheit darauf hinzudeuten, dass ein Eindringen der Samenfäden in den Ovarialschlauch selbst stattfindet. Für diese Annahme spricht weiterhin der Umstand, dass zwischen der Beendigung des Copulationsaktes und der Eiablage gewöhnlich eine Zeit von mehreren Stunden verläuft, in welcher die Spermatozoen Zeit genug finden dürften, sich im Ovarium zu verbreiten; während andererseits die Ablage der Eier und das Passiren des receptaculums so rasch vor sich geht, dass an einen gleichzeitigen Eintritt der Befruchtung kaum gedacht werden kann. Schliesslich möchte ich auch den Umstand hierfür geltend machen, dass ich bei *Sphaeroma rugicauda*, welche eine ähnliche Einrichtung der weiblichen Ausführungsgänge aufweist, Spermatozoen im Ovarium nachweisen konnte.

Eine Micropyle besitzen die Eier von Asellus nicht. Das Chorion erscheint vielmehr überall vollkommen geschlossen und glatt. Auch glaube ich, dass eine solche hier ganz überflüssig wäre; denn bei der resistenten, nadelartigen Beschaffenheit der Spermatozoen liegt keine Schwierigkeit in der Annahme, dass eine einfache Durchbohrung des zarten Chorions stattfindet.

In welcher Weise die Ueberführung der Eier in den Brutraum bewerkstelligt wird, kann nicht zweifelhaft sein, wenn wir einen Blick auf Fig. VII werfen. Dieselbe stellt einen Schnitt durch das fünfte Brustsegment eines Weibchens dar, welches unmittelbar vor der letzten Häutung steht, und wir sehen hier, dass die Ovidukte nach wie vor frei nach aussen münden. Rosenstadt irrt also, wenn er einen Verschluss der Genitalöffnungen zu dieser Zeit annimmt. Nach Beendigung des Häutungsprocesses wölben sich allerdings die Brutlamellen des vierten Paares mit ihren hinteren Rändern über diese Spalte hinweg, und es ist dann nicht mehr ganz leicht, dieselben bei äusserlicher Betrachtung des Thieres zu erkennen. Der Durchtritt der Eier durch die Ovidukte erfolgt nun, wie schon angedeutet wurde, sehr rasch, so zwar, dass zunächst das eine, alsdann das andere Ovarium entleert wird und im Verlauf von ein bis höchstens zwei Minuten sämmtliche Eier in den Brutraum übergeführt sind.

Sonach vermissen wir bei *Asellus aquaticus* durchaus jene merkwürdigen Vorgänge, welche die Eiablage bei den Onisciden charakterisiren. Da eben dasselbe, wie weiterhin gezeigt werden wird, auch für die Gattung *Sphaeroma* gilt, so muss eine allgemeine Verbreitung dieser Erscheinungen bei den Isopoden entschieden in Abrede gestellt werden.

Die Eireifung.

Während die Weibchen sich noch in der Begattung befinden, nimmt die eigentliche Reifung der Eier in den Ovarien ihren Anfang. Wie schon im Eingang dieses Abschnittes betont wurde, konnte die Untersuchung dieser Vorgänge lediglich mit Hilfe von Schnittpräparaten ausgeführt werden, weil eine Behandlung der Eier in toto in Folge der Undurchsichtigkeit des Dotters ausgeschlossen war. Die Eier wurden mit Flemming's Chromosmiumessigsäure in der von Fol angegebenen Concentration gehärtet und die Schnitte auf dem Objektträger mit Grenacher's neutralem Boraxcarmin gefärbt.

Der Eintritt der Reifeperiode kennzeichnet sich dadurch, dass die ursprünglich scharf kreisförmig erscheinenden Umrisse des Keimbläschens unregelmässig faltig und buchtig zu werden beginnen, indem eine Schrumpfung der Membran des Bläschens eintritt. (Taf. IV, Fig. 1. Ich betone ausdrücklich, dass es sich lediglich um eine Schrumpfung und nicht um eine Auflösung der Membran handelt, denn die Contouren derselben lassen sich mit derselben Schärfe wie an dem intakten Keimbläschen nachweisen. Offenbar ist eine Verminderung des Kernsaftes, vielleicht ein theilweises Uebertreten dieser Substanz in das Eiplasma als Ursache dieser Schrumpfung aufzufassen. Der ganze Binnenraum des Keimbläschens wird von einem spärlich entwickelten achromatischen Netzwerk durchsetzt; die gesammte chromatische Substanz scheint in dem mächtigen kreisförmigen Keimfleck concentrirt zu sein. Die hier eingeleitete Schrumpfung des Keimbläschens schreitet nun rasch weiter fort, derart, dass auf einem wenig älteren Stadium (Fig. 2) der ganze Binnenraum desselben zu einem kleinen hellen Bläschen reducirt erscheint, welches zum grössten Theil durch den Keimfleck ausgefüllt wird. Die Peripherie des Bläschens ist durch ein System verworrener, vielfach einander kreuzender Linien begrenzt, welche in ihrer Gesammtheit durchaus den Eindruck hervorrufen, als ob sie durch die völlig geschrumpfte und zusammengefaltete Membran des Keimbläschens gebildet würden. Der ganze Raum, welchen das Keimbläschen ursprünglich einnahm, wird jetzt durch eine Plasmaansammlung ausgefüllt, welche inselartig zwischen den mächtigen Dotterkugeln gelegen ist. Erst in dem auf Fig. 3 abgebildeten Stadium scheint die Membran des Keimbläschens völlig geschwunden zu sein.

Inzwischen haben sich auch an dem Keimfleck bemerkenswerthe Veränderungen vollzogen. Während derselbe ursprünglich vollkommen homogen erschien, machen sich bereits in Fig. 2 zahlreiche stark lichtbrechende Körnchen im Innern desselben bemerkbar. Fig. 3 lässt neben einer erheblichen Vermehrung dieser Körnchen eine auffällige Grössenabnahme des Keimflecks erkennen. Gleichzeitig sind an der Peripherie des hellen Hofes, welcher den Keimfleck umgiebt und, wie wir gesehen haben, den geschrumpften Binnenraum des Keimbläschens darstellt, vereinzelte äusserst feine chromatische Fäden aufgetreten. Schliesslich ist der Keimfleck Fig. 4 vollständig geschwunden, indess die chromatischen Fäden sich zu einem dichteren Netzwerk im Umkreis des hellen Hofes zusammengezogen haben, ein Beweis, dass die letzten sich auf Kosten jenes gebildet haben.

Das nächstfolgende Stadium, welches ich erhalten habe, stellt nun bereits eine wohl ausgebildete Richtungsspindel dar, welche zunächst parallel der Oberfläche des Eies gelegen ist. Fig. 5. Die Umrisse der achromatischen Figur sind an dem betreffenden Präparat nicht besonders deutlich ausgeprägt, indessen scheint es mir nicht zweifelhaft zu sein, dass dieselbe mit dem hellen Hof der vorhergehenden Stadien, in letzter Instanz also mit dem geschrumpften Binnenraum des Keimbläschens als identisch zu betrachten ist. Das zarte Netzwerk im Umkreis des Hofes ist geschwunden; statt dessen treten im Innern desselben vier bandförmige Chromosomen, ungefähr parallel zu einander gelagert, deutlich hervor, welche ihrerseits eine Längstheilung in je zwei Tochterfäden mit Sicherheit erkennen lassen. Die eigenthümlichen Anschwellungen, welche zwei der Chromosomen in ihrer Mitte aufweisen, sind wohl lediglich als optische Erscheinungen aufzufassen, dadurch hervorgerufen, dass die bandförmigen Gebilde, um ihre Längsaxe sich windend, dem Beobachter theils die breite, theils die schmale Seite zuwenden.

In Fig. 6 hat sich die Spindel radial gegen die Oberfläche des Eies gestellt. Auf den Präparaten, welche den Figuren 6, 8, 9 und 11 zu Grunde liegen, ist die L- resp. S-Zahl der Chromosomen nicht mit Sicherheit festzustellen, sei es, dass einzelne Theile durch den Schnitt entfernt sind, sei es, dass diese Gebilde sich gegenseitig verdecken. Die Figuren sind also insofern schematisirt, als diese Zahl überall ergänzt ist.) Auf diesem Stadium der Reifung werden die Eier in den Brutraum abgelegt.

Fig. 8 stellt nun weiterhin ein typisches Stadium der Metakinese dar, indem die Tochterfäden u-förmig gebogen nach den Polen der achromatischen Figur auseinandergerückt sind. Dass die Sonderung der Theilungsprodukte in der für eine gewöhnliche Karyokinese charakteristischen Weise erfolgt, wird nicht bezweifelt werden, wenn es auch natürlich nicht gelingt, dies mit aller wünschenswerthen Sicherheit festzustellen. Gelegentlich kann das Auseinanderweichen der Tochterfäden bereits stattfinden, wenn die Spindel noch parallel der Eioberfläche gelagert ist. (Fig. 7.) An dem Präparat, welches der Fig. 8 zu Grunde liegt, tritt die Begrenzung der achromatischen Figur in besonderer Schärfe hervor. Es zeigt sich, dass dieselbe im optischen Schnitt eine nahezu kreisförmige Ellipse darstellt, deren kurze Axe mit der Richtung des Eiradius zusammenfällt. Der Verlauf der achromatischen Fasern in der Richtung von einem Pol der Spindel zum andern ist angedeutet; in welcher Weise dieselben mit den chromatischen Elementen verbunden sind, lässt sich indessen nicht erkennen.

Bemerkenswerth ist sowohl an Fig. 7 wie an Fig. 8, dass trotz der scharfen Sonderung der Tochterfäden eine entsprechende Einschnürung der Spindelfigur in der Theilungsebene noch gar nicht vorbereitet ist. Vielmehr sehen wir, dass eine solche erst in die Erscheinung tritt, nachdem die Spindel sich zur Hälfte über die Oberfläche des Dotters, wie in Fig. 9, emporgewölbt hat.

Die Theilung nimmt nun in der gewöhnlichen Weise ihren Verlauf, indem die äquatoriale Furche, welche in Fig. 9 nur schwach angedeutet ist, sich vertieft (Fig. 10), bis schliesslich die äussere Hälfte der Spindel mit den in ihr enthaltenen Tochterschleifen als erster Richtungskörper abgeschnürt wird. (Fig. 11).

Was das weitere Schicksal der in der inneren Halbspindel zurückbleibenden Schleifen betrifft, so habe ich dasselbe leider nicht mit Sicherheit verfolgen können. An allen Präparaten, welche ich über die folgenden Stadien erhalten habe, erscheinen die chromatischen Elemente*) derart geschrumpft und verzerrt, dass ich mich vergebens bemüht habe, ein klares Bild über ihre ferneren Wandlungen bis zur Bildung des zweiten Richtungskörpers zu gewinnen. Schon in Fig. 11 unmittelbar nach der Abschnürung des ersten Richtungskörpers ist die Form der im Ei zurückgehaltenen Chromosomen eine veränderte geworden. Sie treten uns nicht mehr als die u-förmig gebogenen Schleifen der Metakinese entgegen, sondern etwa als schwach gekrümmte Stäbchen, welche eine Zweitheilung in ihrer Längsrichtung andeutungsweise erkennen lassen.

Die Halbspindel rückt nun etwas von der Oberfläche des Dotters zurück und wir finden sie dann auf einem wenig älteren Stadium, wie es in Fig. 12 abgebildet ist, zu einer wohl charakterisirten zweiten Richtungsspindel umgebildet, wieder vor. Dass wir es in der That mit der zweiten Richtungsspindel zu thun haben, beweist das Vorhandensein des ersten Richtungskörpers, welcher oberhalb und etwas seitlich derselben in einer seichten Einsenkung des Eiplasmas innerhalb der Dotterhaut gelegen ist. Die zweite gleicht in Grösse und Gestalt des achromatischen Theils vollkommen der ersten Richtungs-

In den Figuren 11, 12 und 13 sind dieselben schärfer ausgefallen, als sie sich am Präparat darstellen; zu scharf ist ferner in allen Figuren von 5—13 die achromatische Streifung der Spindel.

spindel. Dagegen fällt an den vier chromatischen Elementen, welche scharf gesondert im Aequator angeordnet sind, die beträchtliche Verkürzung gegenüber den Chromatinschleifen der ersten Richtungsspindel sofort in's Auge. Bezüglich der feineren Struktur dieser Gebilde kann ich nur soviel mit Bestimmtheit angeben, dass jedes derselben aus zwei gefärbten Particeen besteht, welche durch eine in der Richtung der Spindelaxe verlaufende Trennungslinie von einander geschieden sind. Indessen glaube ich, dass diese Beobachtung allein genügt, um den Schluss zu rechtfertigen, dass auch in der zweiten Richtungsspindel eine Halbirung der Chromosomen stattfindet, woraus dann weiter folgen würde, dass die Theilungsprodukte nach den Polen auseinanderrücken müssen. Leider ist auch an dem Präparat Fig. 14. welches die Bildung des zweiten Richtungskörpers darstellt, die Struktur der Chromosomen nicht scharf genug ausgeprägt, um diese Verhältnisse mit Sicherheit erkennen zu lassen.

Nachdem nun schliesslich auch der zweite Richtungskörper abgeschnürt worden ist, bildet sich der zurückbleibende Rest des Keimbläschens zum Eikern um. Derselbe liegt in Fig. 15 noch in unmittelbarer Nähe der Eioberfläche, erscheint elliptisch gestaltet und weist ein spärlich entwickeltes chromatisches Gerüst auf, dessen Züge ungefähr in der Richtung der kleinen Axe spiralig angeordnet verlaufen.

Die Copulation der beiden Geschlechtskerne im Innern des Dotters habe ich nicht verfolgt, da ich den Spermakern infolge seiner geringen Grösse nur an vereinzelten Präparaten nachweisen konnte. In Figur 15 sehen wir, dass derselbe in beträchtlicher Entfernung von der ersten Richtungsspindel als ein winziges rundes, anscheinend homogen gefärbtes Körperchen in einer kleinen Plasmaansammlung unweit der Eioberfläche gelegen ist.

Nach beendigter Copulation der Geschlechtskerne erscheint die erste Furchungsspindel in der Mitte des Dotters, gegenüber den Richtungsfiguren durch eine charakteristische Spindelgestalt und durch deutliche Plasmastrahlungen in der Umgebung ihrer Pole ausgezeichnet.

III.
Die Brutpflege.

Die Brutpflege bei den Sphaeromiden.

Es ist bekannt, dass die *Isopoden* ihre reifen Eier nicht ins Wasser ablegen, sondern bis zur völligen Entwickelung der Jungen mit sich herumtragen. Zu diesem Zweck treten bei den geschlechtsreifen Weibchen eigenthümliche lamellöse Anhänge an der Basis einzelner Thorakalbeinpaare, die sogenannten Brutlamellen auf, welche unterhalb der Brust eine geräumige, zur Aufnahme der Embryonen bestimmte Bruthöhlung abschliessen.

Eine Ausnahme von diesem sehr allgemeinen Verhalten bilden nach den bisherigen Erfahrungen allein die beiden parasitisch lebenden Familien der *Anceiden* und *Cryptonisciden*, deren sehr eigenthümliche Fortpflanzungsverhältnisse durch die Forschungen von Dohrn, Buchholz und Fraisse zum Theil allerdings sehr unvollständig zu unserer Kenntniss gelangt sind. So findet sich nach Dohrn[1]) bei den Weibchen von *Anceus maxillaris* keine Bruthöhlung in dem angedeuteten Sinne vor; vielmehr gelangen die reifen Eier aus den Ovarien in den Raum zwischen der cuticula und matrix der Brustsegmente und durchlaufen hier die ganze Embryonalentwickelung, bis schliesslich die ausgebildete Brut durch einen Häutungsprozess des Mutterthieres in Freiheit gesetzt wird. Besonders interessant ist nach der Darstellung von Buchholz[2]) die Gattung *Hemioniscus* dadurch, dass die Ovarien in zweischenklige Ovidukte auslaufen und durch doppelte Oeffnungen nach aussen münden; indem eine Bruttasche fehlt, entwickeln sich die Eier in der Leibeshöhle, in einen weiten zarthäutigen Schlauch eingeschlossen, dessen Verbindung mit den Ovidukten nicht genauer festgestellt werden konnte. Was schliesslich die sehr merkwürdigen Mittheilungen von Fraisse[3]) über die Gattungen *Cryptoniscus* und *Entoniscus* betrifft, so scheint mir aus diesen mit Sicherheit nur soviel hervorzuheben, dass auch hier im Allgemeinen Brutlamellen[4]) vermisst werden, und dass die Eier in bestimmten zu Brutraumen umgestalteten Particen der Leibeshöhle des Mutterthieres zur Entwickelung gelangen.

[1]) Dohrn, Untersuchungen über Bau und Entwickelung der *Arthropoden*. 1. Zeitschr. für wissenschaftl. Zool. XX 1870, p. 70.
[2]) Buchholz, Ueber *Hemioniscus*, eine neue Gattung parasitischer *Isopoden*. Zeitschrift für wissenschaftliche Zoologie. XVI. 1866.
[3]) Fraisse. Arbeiten des zool.-zoot. Instituts zu Würzburg. IV. 1877 u. 78. Siehe auch: Fritz Müller, Bruchstücke zur Naturgeschichte der Bopyriden. Jen. Zeitschr. f. Nat. VI., und Kossmann, Beiträge zur Anatomie der schmarotzenden Rankenfüssler. Arbeiten des zool.-zoot. Inst. in Würzburg I.
[4]) Die Arten der Gattung *Entoniscus* besitzen theils Brutlamellen von ganz bizarrer Form, theils fehlen ihnen solche. Bei *Cryptoniscus* scheinen sie stets zu fehlen.

In allen diesen Fällen handelt es sich um Formen, deren ganze Organisation durch den Parasitismus stark deformirt erscheint und von dem Typus der Ordnung sehr auffallend abweicht. Wenn es daher nicht befremden konnte, bei diesen auch eigenartige Verhältnisse in der Fortpflanzung ausgeprägt zu finden, so durfte andrerseits bisher auf Grund aller Erfahrungen die Annahme als gerechtfertigt gelten, dass für die freilebenden *Isopoden*-Familien der bekannte normale Verlauf der Brutpflege ganz allgemein charakteristisch sei.

Indessen hat mich eine Untersuchung der Fortpflanzungsverhältnisse bei den *Sphaeromiden* zu dem Ergebniss geführt, dass diese Annahme nicht mehr im vollen Umfange aufrecht erhalten werden kann, dass vielmehr in dieser Gruppe n i c h t parasitischer Isopoden eine sehr eigentümliche und von allem bisher bekannten völlig abweichende Brutpflege ausgebildet ist. Nachdem ich die wesentlichsten Resultate meiner Untersuchung bereits durch eine kurze Mitteilung[1] bekannt gemacht habe, will ich versuchen, im Folgenden diese Verhältnisse eingehender darzustellen.

Die Angaben, welche sich in der Literatur über Fortpflanzung und Brutpflege der *Sphaeromiden* finden, sind sehr spärlich. Heinrich Rathke, der eifrige Erforscher der *Isopoden*-Entwickelung und Fortpflanzung, äussert sich, seine Erfahrungen über diese Gruppe zusammenfassend, folgendermaassen:[2] „Ich will bemerken, dass die Weibchen von *Sphaeroma* und den mit diesem zunächst verwandten Thieren keine zur Bildung einer Bruthöhle bestimmte Platten erhalten, demnach entweder lebendige Junge gebären, oder, was mir nach meinen Untersuchungen wahrscheinlicher ist, ihre Eier dem Meere zum Brüten übergeben. Es machen also diese Thiere in der angegebenen Hinsicht eine grosse Ausnahme von den übrigen *Isopoden*, die, wie es scheint, wohl alle eine Bruthöhle bekommen."

Späterhin hat Hesse[3]) den Fortpflanzungsverhältnissen dieser Familie ein eingehendes Studium gewidmet. Von seinen Ergebnissen verdient jedoch lediglich der Nachweis hervorgehoben zu werden, dass auch die Weibchen der Gattung *Sphaeroma*, wie andere weibliche *Isopoden*, zur Zeit der Geschlechtsreife mit Brutlamellen ausgestattet erscheinen. Im übrigen bemüht man sich vergeblich, aus den zum Theil einander widersprechenden Angaben dieses Forschers ein klares Bild über die Vorgänge zu gewinnen, welche die Fortpflanzung in dieser Thiergruppe charakterisiren. Ich verweise nur auf Folgendes: „Les œufs, à l'état primitif, sont renfermés dans un tube commun, dont le diamètre augmente en raison du développement, qu'ils acquièrent. Plus tard ils sont successivement expulsés dans la cavité thoracique formée par des lames ou plaques très-minces, membraneuses, fixées latéralement de chaque côté à la base des pattes.[4]) Ces lames s'avancent obliquement et se croisent à leur extrémité, lorsque les œufs ont encore un petit volume, mais s'écartent et ne forment plus qu'un bord latéral lorsque l'incubation est très-avancée et que les petits sont près de quitter leur retraite. Les œufs sont accumulés en grande quantité dans tout le corps, qui en est pour ainsi dire farci. Ils occupent toutes les capacités disponibles, depuis la tête jusqu'à l'extrémité inférieure de l'abdomen. Les embryons sont très-vivaces etc." Was wird aus den Embryonen, fragen wir uns, nachdem die Brutlamellen, durch welche sie in ihrer

---

[1]) Zool. Anzeiger 1890. No. 351.
[2] Rathke. Morphologie p. 115.
[3]) Hesse. Memoire sur la famille des Sphéromiens etc. Ann. des sciences. T. XVII. 1872—73.
[4]) Die Bemerkung, dass die weiblichen *Sphaeromiden* Brutlamellen besitzen, wird durch Harger bestätigt. Silliman. Amer. Journ. 3. ser. vol. 5. 1873. p. 314.

Lage gehalten wurden, zusammengeschrumpft sind?[1]) Welches ist die „retraite", welche die Jungen schliesslich verlassen? Und wie hat man weiterhin die Angabe zu verstehen, dass die Eier im ganzen Körper angehäuft sind und alle Hohlräume der Leibeshöhle anfüllen, nachdem vorher mitgetheilt war, dass dieselben in den Brutraum übergeführt werden? Bezog sich diese letztere Aeusserung in der That auf die in der Entwickelung begriffenen und nicht auf die im Ovarium eingeschlossenen Eier, wie aus dem Zusammenhang zwar nicht zu ersehen, aber zu vermuthen ist; so lag hier ein Widerspruch vor, welcher zu weiterer Untersuchung dieser Verhältnisse anregen musste.

Indem ich zur Darlegung meiner eigenen Befunde übergehe, bemerke ich, dass dieselben sich lediglich auf die im ersten Abschnitt eingehend beschriebene *Sphaeroma*-Spezies beziehen, und dass erst weitere Untersuchungen zeigen müssen, inwiefern den hier geschilderten Verhältnissen eine allgemeinere Verbreitung in der Familie der *Sphaeromiden* zuzuerkennen ist.

Zunächst bedurften die Angaben von Hesse und Harger über die Brutlamellen insofern einer Ergänzung, als sie jedes Detail über die Zahl derselben und die Stellen, an welchen sie sich inseriren, vermissen liessen. Es zeigte sich, dass bei den geschlechtsreifen Weibchen der *Sphaeroma rugicauda* drei Paare solcher Lamellen ausgebildet sind und zwar ander Basis des 2., 3. und 4. Thorakalbeinpaares (Taf. I, Fig. 5). Dieselben fallen in erster Linie durch ihre geringe Grösse auf, da sie nicht einmal soweit in der Querrichtung des Körpers ausgedehnt sind, dass sie sich mit ihren äussersten Rändern berühren; alsdann durch ihre grosse Zartheit. Man überzeugt sich, dass sie lediglich durch zwei aufeinanderliegende Chitinblätter gebildet sind, von denen das äussere durch eine längsverlaufende schmale Leiste verdickt und gestützt wird. An einer isolirten Brutplatte eines anderen Weibchens (Taf. V, Fig. 5) bemerkt man, dass ein schmaler Zellstrang unterhalb der Chitinleiste sich in den Binnenraum der Hohllamelle hineinstreckt. Auf die Bedeutung desselben werde ich später eingehender zurückkommen. Von der medianen Chitinleiste zweigen sich seitlich einige sehr schwache Querleisten ab, um sich gegen den Rand hin zu verlieren. Der Rand selbst ist mit einem Kranz zerstreut angeordneter, ungemein feiner cuticularer Borsten besetzt, welche indess kaum geeignet erscheinen, eine so nachhaltige Verbindung der Lamellen unter einander zu ermöglichen, wie wir sie bei anderen *Isopoden* mit normaler Brutpflege stets nachweisen können (siehe p. 41).

Dieser Umstand, wie die unvollkommene Beschaffenheit der Lamellen überhaupt liessen von vornherein vermuthen, dass dieselben wohl nicht dazu bestimmt sein dürften, die Eier nach der Ablage am mütterlichen Körper zu fixiren.

Durch den anatomischen Befund an geschlechtsreifen Weibchen wurde diese Vermuthung in befriedigender Weise bestätigt. Es zeigte sich, dass die in der Leibeshöhle befindlichen Eier vielfach gar nicht mehr in der Reifung begriffen waren, sondern bereits mehr oder weniger vorgerückte Stadien embryonaler Entwickelung erkennen liessen; ja es fanden sich Weibchen, welche völlig ausgebildete Larven in ihrer Leibeshöhle beherbergten. Bei diesen erscheint die Bauchhaut mächtig vorgewölbt und man kann an einzelnen Stellen durch dieselbe hindurch die segmentirten Körper der Embryonen deutlich wahrnehmen (Taf. I, Fig. 5). Damit war denn der Nachweis geführt, dass bei der Gattung *Sphaeroma* eine sehr eigenartige Brutpflege ausgebildet ist; dass trotz des Vorhandenseins von

---

[1]) Gerstaecker bemerkt hierzu, dass die *Sphaeromiden* in ihrem Kugelungsvermögen vielleicht ein Mittel besitzen dürften, die Embryonen in der Brusthöhle zu fixiren.

Brutlamellen die embryonale Entwickelung im Innern des mütterlichen Körpers ihren Verlauf nimmt und zum Abschluss gelangt.

Nachdem diese Thatsache einmal festgestellt war, liess sich erwarten, dass der weibliche Organismus durch besondere anatomische Einrichtungen der veränderten Brutpflege angepasst sein müsse, und es kam nun weiterhin darauf an, zu entscheiden, worin diese Einrichtungen bestehen. Es lag zunächst nahe, zu vermuthen, dass entweder der Ovarialschlauch selbst durch eine grössere Dehnbarkeit seiner Wandungen befähigt worden sei, die Eier während ihrer ganzen Entwickelung in sich zu beherbergen, oder dass andererseits sich im Anschluss an die Ovidukte uterusartige Erweiterungen zur Aufnahme derselben gebildet hätten.

Beides wird durch den anatomischen Befund als nicht zutreffend erwiesen. Man überzeugt sich bei der Präparation, dass die Embryonen völlig getrennt von den weiblichen Geschlechtsdrüsen und deren Ausführungsgängen in acht dünnwandigen Säckchen eingeschlossen liegen, welche an der Haut der Brustsegmente paarweise zu beiden Seiten der Ganglienkette angeheftet erscheinen.

In Fig. 1, Taf. V ist ein Präparat abgebildet, welches die Bauchdecke herausgetrennt und von der inneren Seite betrachtet zur Darstellung bringt. Mit ihr ist die Ganglienkette, eingehüllt in eine fettreiche, dunkel pigmentirte Haut, im Zusammenhang geblieben, und wir sehen, dass zwischen den seitlich ausstrahlenden, ebenfalls von einer Pigmenthülle umschlossenen Segmentalnerven jederseits vier getrennte Säckchen an der Hypodermis befestigt sind, welche mit reifen Eiern gefüllt erscheinen. Die Gestalt dieser Brutsäckchen — wie ich sie nennen möchte — ist eine sehr charakteristische. Von ihren Ansatzstellen an der Hypodermis schmal beginnend, erweitern sie sich bedeutend nach oben hin und laufen schliesslich in je zwei zipfelförmige Erweiterungen aus, die bis zur Spitze mit Eiern strotzend angefüllt sind. Im Präparat sind die Säckchen auseinandergelegt und wir müssen uns vorstellen, dass sie in natürlicher Lage über dem Darmrohr (dasselbe ist der Uebersichtlichkeit wegen zum Theil entfernt), in der Medianlinie des Rückens mit ihren Zipfeln aneinander stossen. Gleichfalls im Zusammenhang mit der Hypodermis der Bauchhaut treten uns die Ovidukte entgegen, welche ihrerseits mit den entleerten und völlig geschrumpften Ovarialschläuchen in Verbindung stehen. Auch diese sind künstlich zu beiden Seiten auseinandergelegt. In Wirklichkeit liegen die beiden Ovarien direkt unterhalb der am Rücken verlaufenden Aorta mit ihren freien Rändern einander zugekehrt, also dorsalwärts den Brutsäckchen aufgelagert, indess die von ihrem äusseren Rande entspringenden Eileiter in leichtem Bogen die Säckchen umgreifend nach der Bauchseite sich herüberschlagen.

Ein Querschnitt durch das fünfte Segment eines solchen Weibchens hindurchgelegt (Taf. VI, Fig. 13), wird diese Situationsverhältnisse über allen Zweifel erheben. Der Schnitt zeigt überdies, wie aus dem Präparat bereits klar hervorgeht, dass keinerlei Verbindung, kein direkter Kommunikationsweg zwischen den Brutsäckchen einer-, den Ovarien und Ovidukten andererseits nachgewiesen werden kann.

Die Brutsäckchen ragen mit vollkommen abgeschlossenen Wandungen in die Leibeshöhle hinein. Dagegen mündet ein jedes derselben auf der Ventralseite durch einen breiten Querspalt frei nach Aussen hin, naturgemäss an der Stelle, wo es mit der Bauchhaut in Verbindung steht. Am Querschnitt sehen wir, dass hier die Wandungen der Säckchen continuirlich in die Hypodermis übergehen, und wir erkennen, dass dieselben im Grunde weiter nichts als mächtig ausgedehnte, in die Leibeshöhle eingestülpte Particen der äusseren Haut repräsentiren.

Diese Auffassung wird durch die histologische Struktur der Säckchenwandungen vollkommen bestätigt. Dieselben bestehen aus zwei Lagen, von denen die äussere ein dünnes einschichtiges Epithel darstellt, welches in der Flächenansicht aus polygonalen Zellen zusammengesetzt erscheint (Taf. V, Fig. 3), und als direkte Fortsetzung der Hypodermis erkannt wird, indess die innere durch ein überaus zartes strukturloses Häutchen, eine Erweiterung der cuticula der allgemeinen Körperhaut gebildet ist.

Die spaltförmigen Mündungen der Säckchen liegen auf den Segmentgrenzen zwischen dem zweiten und sechsten Mittelleibsringe paarweise zu beiden Seiten der Ganglienkette und werden durch je zwei lidartige Hautfalten umgrenzt, welche sich in natürlicher Lage über einander schieben (Taf. V, Fig. 4). Es bedarf daher nur einer geringen seitlichen Spannung der Bauchhaut, welche durch die dorsoventralen Muskeln des Rumpfes leicht bewirkt werden kann, um einen sehr festen Verschluss der Säckchen nach aussen herbeizuführen. Am Querschnitt überzeugen wir uns gleichfalls, dass die Verschlussfalten sich über die Mündungen der Säckchen herüberlegen, und wir begreifen leicht, dass durch eine solche Einrichtung ein Herausfallen der Eier absolut unmöglich gemacht ist.

Wie schon erwähnt, durchlaufen nun in diesen Brutsäckchen die Eier die gesammte Embryonalentwickelung und dehnen dabei die Wandungen derselben, indem sie heranwachsen, nicht unbeträchtlich aus. In dem Präparat, welches durch Fig. 2 (Taf. V) dargestellt wird, sind die Säckchen der einen Seite abgeschnitten; dafür treten die vier spaltförmigen Mündungen derselben mit ihren lidartigen Verschlussfalten deutlich hervor. Die Brutsäckchen der anderen Seite sind erhalten und erscheinen mit jungen Embryonen angefüllt, welche, vom Chorion umgeben, noch einen beträchtlichen Rest des Dotters in ihrer Leibeshöhle einschliessen; andererseits die beginnende Segmentirung des Körpers, die Anlage der Extremitäten und der Augen bereits erkennen lassen. Durch die veränderte Gestalt und das Wachsthum der Embryonen ist auch die äussere Form der Säckchen vielfach eine andere geworden, indem Aussackungen und Erweiterungen entstanden sind. Es zeigt sich bei der Präparation, dass dieselben sich immermehr in alle zur Verfügung stehenden Hohlräume der Leibeshöhle hineindrängen. Dabei entgeht es nicht, dass die Anordnung der Säckchen im Körper nicht bedeutungslos, dass dieselbe darauf berechnet ist, eine möglichst ausgiebige Benutzung des gesammten Peritonealraumes zu erzielen. Wie wir gesehen haben, inseriren sich die Säckchen an den Segmentgrenzen zwischen dem zweiten und sechsten Mittelleibsringe, also genau in der mittleren Partie des Thorakalabschnittes. Zu den beiden von Brutbehältern freien Mittelleibsringen jederseits kommt dann nach vorne der Kopf, nach hinten das Abdomen hinzu, und es leuchtet ein, dass auf diese Weise eine völlig gleichmässige Vertheilung der Säckchen durch den ganzen Körper ermöglicht worden ist.

So bei geschlechtsreifen Weibchen. Wie liegen nun die Verhältnisse bei jüngeren Weibchen, welche die Eier noch in den Ovarien tragen? Sind auch dort die Brutsäckchen bereits vorhanden? und wie entstehen dieselben?

Die letzte Frage zu beantworten ist nicht schwer, nachdem wir wissen, dass die Säckchen im Grunde nichts weiter sind als eingestülpte Particen der äusseren Haut: damit ist der Weg ihrer Entstehung zugleich angedeutet. Wir sehen aber, dass ihre Anlage erst bei solchen Weibchen beginnt, welche sich der Geschlechtsreife nähern; bei jüngeren fehlen sie und es wölbt sich die Bauchhaut continuirlich über die Stellen hinweg, welche später durch die Mündungen der Säckchen durchbrochen erscheinen. Fig. 7 (Taf. VI), mag an einem Querschnitt durch das fünfte Thorakalsegment eines älteren Weibchens die erste Anlage der Säckchen veranschaulichen. Die Ovarien sind beträchtlich geschwellt durch den mächtigen Dotter der Eier, in denen das Keimbläschen bereits geschrumpft ist. An der Ventralseite bemerken wir nun, dass sich die Hypodermis jederseits der Ganglienkette zu je einer flachen napfartigen Vertiefung (brs eingesenkt hat, deren Boden mehrfach gefaltet erscheint. Ueber die in der Querrichtung breiten, in der Längsaxe des Körpers aber sehr schmalen, spaltförmigen Einstülpungsöffnungen zieht sich die cuticula des Bauches continuirlich hinweg. Diese Einsenkungen bilden die ersten Anlagen der Brutsäckchen.

Da die mächtigen Ovarien den grösseren Theil der Leibeshöhle einnehmen und die übrigen Eingeweide, den Darm, die Leberschläuche gegen die Bauchwand herabdrücken, vermögen die Säckchen ihr Wachsthum nicht frei zu entfalten; sie können sich nur auf beschränktem Raum durch weitere Faltung ihrer Wandungen vergrössern, wie Fig. 7 zeigt. Dieser Faltungsprozess schreitet nun durch ein reges Wachsthum befördert lebhaft weiter fort, indem die Falten sich immer enger und fester an einander legen, bis die Wände ihre definitive Ausdehnung erreicht haben. Auf diesem Stadium kann man die Säckchen schon bei äusserlicher Betrachtung des Thieres durch die Haut hindurchschimmern sehen; sie erscheinen (Taf. I. Fig. 1, brs) als etwa kreisförmige weisse Scheiben zu beiden Seiten der durch schwarzes Pigment gekennzeichneten Ganglienkette und heben sich ziemlich scharf zwischen den seitlich ausstrahlenden Segmentalnerven ab.

Gleichzeitig mit der Anlage der Brutbehälter treten andere wichtige Umgestaltungen am weiblichen Organismus auf und zwar zunächst an den Ovidukten. Bei jugendlichen Weibchen stellen dieselben enge röhrenförmige Gänge dar, von oben nach unten etwas zusammengedrückt, welche vom äussern Rand der Ovarien ihren Ursprung nehmen (Taf. VI, Fig. 8) und im schwachen Bogen nach der Bauchseite hin verlaufen, um hier an der Basis des fünften Beinpaares nach aussen zu münden (Taf. I, Fig. 1, geo). In Fig. 7 (Taf. VI) sehen wir nun, dass der gesammte Eileiter bis auf einen kleinen dem Ovarium zunächst liegenden Abschnitt sich nicht nur beträchtlich erweitert hat, sondern sogar in Form eines kleinen Blindsackes über jenen Abschnitt dorsal hinausgewachsen ist. Indem diese Auftreibung nun in der Folge noch bedeutend an Umfang gewinnt, stellt schliesslich der ganze distale Theil des Ovidukts einen weiten cylinderförmigen Schlauch dar, an dessen seitlicher Wand der kurze nicht an der Erweiterung betheiligte proximale Abschnitt wie ein feiner Canal nach dem Ovarium hinüberführt (Taf. VI, Fig. 9). Es kann nicht zweifelhaft sein, dass diese schlauchförmig erweiterte Partie des Ovidukts mit dem blasenförmigen Organ des *Asellus aquaticus* als homolog aufzufassen ist (siehe p. 18), und ebenso wie jenes die Bedeutung eines receptaculum seminis hat. Die abweichende Form dürfte in der veränderten Architektonik des Körperbaues ihre Erklärung finden. Auffallend ist nur, dass sich hier nicht ein gesonderter Endabschnitt wie dort als vagina gegen das receptaculum abhebt.

Schliesslich gelangen in dieser Periode auch die Brutlamellen zur Ausbildung, nachdem die ersten Anlagen derselben bereits frühzeitig nach einer Häutung in Form kleiner zungenförmiger Anhänge an der Basis des zweiten, dritten und vierten Thorakalbeinpaares hervorgetreten sind. (Taf. I, Fig. 1, lam)

Wie die Brutsäckchen nach innen, so stellen diese Duplikaturen der Hypodermis nach aussen dar (Taf. VI, Fig. 10). Erst wenn die Brutsäckchen sich bereits in einem vorgerückten Stadium der Entwicklung befinden, beginnt auch der innere Epithelbelag der zungenförmigen Fortsätze durch einen ähnlichen Faltungsprozess sich zu erweitern (Taf. VI, Fig. 11); und hier tritt nun die merkwürdige Erscheinung ein, dass diese Faltungen nicht im Innern der cuticularen Fortsätze vor sich gehen, wie bei *Asellus*, sondern das ganze Gewebe zieht sich aus diesen heraus (dies ist schon in Fig. 11 angedeutet) und wächst in der Lücke zwischen cuticula und Hypodermis weiter. In diesem Raume sehen wir schliesslich, nachdem sich das gefaltete Gewebe völlig herausgezogen und wieder gestreckt hat, die Lamellen in ihrer Längsrichtung einmal nach unten zusammengeklappt liegen und zwar soweit entwickelt, dass sie bei der nächstfolgenden Häutung als fertige Organe enthüllt werden können.

Die ganze Anlage ist also hier auf zwei Häutungsperioden vertheilt und der Bildungsmodus hält in eigenthümlicher Weise die Mitte zwischen demjenigen, welcher für *Porcellio scaber* und demjenigen, welcher für *Asellus aquaticus* charakteristisch ist. Die Lamellen treten zwar wie bei *Asellus* ursprünglich als freie Anhänge nach aussen hervor; die definitive Ausbildung erfolgt aber nicht in diesen, sondern wie bei *Porcellio* in dem Raum zwischen matrix und cuticula der Brustsegmente. Es wird gewissermassen ein Ansatz gemacht zur Bildung grösserer Lamellen, wie sie *Asellus aquaticus* besitzt, alsdann aber wieder aufgegeben. Die primitiven Fortsätze erscheinen so zu sagen als rudimentäre Organe, als phyletische Reminiszenzen, und wir dürfen hierin, wie ich glaube, eine Andeutung erblicken, dass die Vorfahren der Sphaeromen grössere Brutlamellen besessen haben, womit vielleicht eine normale Brutpflege verbunden gewesen sein mag.

Alle hier geschilderten Umgestaltungen am weiblichen Organismus gelangen endlich zum Abschluss durch einen Häutungsprozess, welcher noch vor der Umlagerung der Eier eintritt. Die Häutung erfolgt in ganz ähnlicher Weise wie bei *Porcellio* und *Asellus*, indem zuerst die hintere Hälfte des alten Chitinpanzers vom fünften Segment ab, alsdann erst die vordere im Zusammenhang abgestreift wird.

Nachdem dies geschehen, treten nun zunächst die spaltförmigen Mündungen der Säckchen frei nach aussen hervor, wie wir uns an Fig. 12 (Taf. VI) überzeugen können, welche einen Längsschnitt darstellt, der seitlich von der Ganglienkette durch das ganze Thier hindurchgelegt ist. Hier sehen wir die vier Brutsäckchen der einen Seite in ihrer definitiven Ausbildung vor uns, durch die mächtigen, die Leibeshöhle füllenden Ovarien eng an die Bauchwand gedrückt. (Wie einzelne undeutliche Kernbilder vermuthen lassen, sind die Eier in der Bildung der Richtungskörper begriffen.) Die Wandungen der Säckchen sind in zahllose zierliche Falten zusammengelegt, die so dicht und eng an einanderschliessen, dass sie den Verlauf der Contouren nicht mehr deutlich erkennen lassen. Die zweizipfelige Gestalt der Säckchen tritt in der zusammengefalteten Lage bereits charakteristisch hervor. Noch eines verdient beachtet zu werden: Ursprünglich zeigte sich die Wandung der Einstülpungen (Fig. 7) in ihrer histologischen Struktur von der Hypodermis nicht verschieden; sie besass dieselbe Dicke, dieselben rundlich gestalteten Zellkerne. Jetzt scheint sie sich zu einer ungemein dünnen Membran verflacht zu haben, in der auch die Kerne eine platte, längliche Form angenommen haben. Unterhalb der Brutsäckchen treten uns die Brutlamellen (lam), welche ebenfalls durch die Häutung enthüllt worden sind, im Querschnitt entgegen.

Späterhin finden wir nun stets die Ovarien entleert und die Eier in die acht Brutsäckchen übergeführt, welche dann ihrerseits alle Hohlräume der Leibeshöhle ausfüllen. Die Weibchen bieten jetzt im Querschnitt das Bild dar, wie es in der mehrfach erwähnten Fig. 13 (Taf. VI) wiedergegeben und oben beschrieben worden ist.

Wie erfolgt aber die Ueberführung der Eier in die Säckchen? Ich habe diesen Vorgang nicht direkt beobachten können[1], glaube aber, dass er aus den anatomischen Verhältnissen mit Sicherheit erschlossen werden kann. Da aus den Ovarien kein anderer Ausweg nachweisbar ist, als die Oviducte Fig. 7 u. 9, Taf. VI), so können die Eier auch nur durch diese entfernt werden. Ein mechanisches Hinderniss, etwa ein Verschluss der Genitalöffnungen existirt hier ebensowenig wie bei *Asellus aquaticus*, und dass die Eileiter die nöthige Ausdehnungsfähigkeit besitzen, um die grossen Eier hindurchtreten zu lassen, wird nicht bezweifelt werden. Es dürfte grade neben seiner Funktion als receptaculum seminis mit eine Bestimmung des erweiterten distalen Abschnitts sein ähnlich wie bei *Asellus aquaticus*, die zur Eiablage nothwendige Dehnbarkeit des Ausleitungsapparats herzustellen.

Die Eier werden also wohl abgelegt und gelangen wie bei den Asseln mit normaler Brutpflege in den Raum unterhalb der Lamellen, von denen das letzte Paar sich mit seinen hinteren Rändern auch über die Genitalöffnungen am fünften Segment herüberwölbt. Es mag gestattet sein, hier auf die oben citirte Angabe von Hesse zurückzugreifen, wonach derselbe eine Ablage der Eier in den Brutraum beobachtet haben will. Wenn die von Hesse untersuchten Sphaeroma-Species dieselbe Brutpflege besitzen wie die hier dargestellte — und ich glaube dies aus den wenigen unklaren Andeutungen dieses Forschers vermuthen zu können —; wenn andrerseits jene Mittheilung auf einer thatsächlichen Beobachtung beruht: so dürfte Hesse das Stadium der Umlagerung der Eier vorgelegen haben.

Gewiss besitzen nun die Brutlamellen trotz ihrer Zartheit doch so viel Widerstandsfähigkeit, um die Eier eine kurze Zeit lang festzuhalten; denn wenn wir späterhin bei der Geburt der jungen Larven sehen, dass dieselben noch eine Weile offenbar nur durch den mechanischen Widerstand der Lamellen in dem Brutraum zurückgehalten werden und nur durch eigne lebhafte Bewegungen oder durch ein willkürliches Auseinanderklappen der Lamellen von seiten des Mutterthieres in Freiheit gesetzt werden können, so folgt daraus, dass die Brutlamellen einmal einer gewissen Elasticität nicht entbehren, und dass sie andrerseits an ihrer Basis mit Muskeln in Verbindung stehen, welche ebenso wie sie ein Auseinanderschlagen ermöglichen auch ein festeres Andrücken an die Bauchwand gestatten müssen.

Dass nun die Aufnahme der Eier in die Säckchen durch die acht spaltförmigen Oeffnungen erfolgen muss, liegt auf der Hand, da ein anderer Zugang zu diesen eben nicht existirt. Allerdings habe ich keine Längsmuskeln entdecken können, welche ein willkürliches Oeffnen der Spalte denkbar erscheinen liessen. Indessen sehen wir an Fig. 12 Taf. VI), dass die Verschlussfalten zu dieser Zeit noch gar nicht fest auf einander schliessen, und ich glaube, dass schon ein blosses Nachlassen der die Bauchhaut spannenden Muskeln genügen muss, um die Spaltenränder gegen einen leichten Druck vonseiten der Eier, vielleicht verstärkt durch ein Andrücken der

---

[1]. Ein Weibchen, welches bis zum Häutungsprozess in der Gefangenschaft zu leben mir gelungen war, starb während der Häutung des vordern Körperabschnitts.

Brutlamellen nachgiebig zu machen und einen Durchtritt derselben zu gestatten. Immerhin wird es interessant sein, über diesen Vorgang noch durch direkte Beobachtung weiteren Aufschluss zu erhalten.

Indem die Eier eindringen, werden die bis dahin gefalteten Wandungen der Säckchen aufgebläht und schliesslich straff durch den ganzen Körper bis gegen die Rückendecke hin ausgespannt.

Betrachten wir junge in den Brutsäckchen befindliche Eier von *Sphaeroma rugicauda*, so fällt die relativ bedeutende Grösse derselben auf. Sie besitzen einen Durchmesser von 0,44 mm, sind also zwei und ein halb mal so gross als diejenigen von *Asellus aquaticus* bei einem Durchmesser von 0,32 mm, obwohl diese Thiere im ausgewachsenen Zustand nahezu gleiche Grösse haben. Es findet also hier eine ungewöhnlich reichliche Ablagerung von Dotter in den Ovarien statt.

Dessenungeachtet genügt dieses reiche Dottermaterial nicht, um die Baustoffe für die Bildung des Embryos zu liefern; denn noch mehr als die Eier setzen die zum Ausschlüpfen reifen Larven durch ihre bedeutende Grösse in Erstaunen. Bei einem Weibchen zeigten dieselben eine Länge von 1,44 mm auf eine Breite von 0,65 mm und eine mittlere Höhe von 0,22 mm, während das Mutterthier 5,2 mm in der Länge auf 2,9 mm Breite mass. Bringen wir auf die geringere Höhe an den Seitentheilen des Körpers die sichelförmig nach unten gebogenen Epimeren und die Extremitäten in Anrechnung (Taf. II, Fig. 8), so können wir den Körper der Larve sehr annähernd als ein Parallelepipedon betrachten, dessen Volumen nach den angeführten Zahlen 0,2059 cmm betragen würde. Sonach übertrifft also die Larve das Volumen des Eies, welches sich nach Massgabe seines Durchmessers auf 0,0409 cmm stellt, um das Fünffache. Diese Thatsache zeigt klar, dass die Bildung des Embryos nicht allein auf Kosten des Eidotters erfolgen kann, dass vielmehr hier im Verlauf der embryonalen Entwickelung eine Zufuhr von nährenden Bestandtheilen von dem Blut des Mutterthieres aus stattfinden muss.

Man wird es kaum eine Hypothese nennen können, wenn ich annehme, dass diese auf dem Wege einer Diosmose durch die Wand der Brutsäckchen hindurch erfolgt. Wir wissen zwar, dass gelöste Eiweisssubstanzen nur in sehr geringem Masse diffusionsfähig sind; indessen lehrt die Erfahrung, dass eine solche Diffusion im Innern des thierischen Körpers durch äusserst zarte Membranen hindurch dennoch sehr vielfach stattfinden muss. Wie sollen wir uns zum Beispiel die Ernährung der Eier in den Ovarien und die Dotterablagerung in denselben anders erklären als mittelst einer Blutdiosmose durch die Wand des Eierstocks? Und diese zeigt bei den Sphaeromen im Wesentlichen dieselbe Zusammensetzung wie die Membran der Brutsäckchen. Dass die letztere aber in der That ungewöhnlich zart ist, darauf habe ich bereits in der Schilderung ihrer Entstehung aufmerksam gemacht; noch deutlicher tritt es an einem Querschnitt wie Fig. 13 (Taf. VI.) hervor, wo sich die Membran der Säckchen durch ihre Zartheit sehr scharf gegen die Hypodermis, aus welcher sie entstanden ist, abhebt.

Nicht ohne Bedeutung für eine Diosmose des Blutes und eine gleichmässige wirksame Ernährung der Brut dürfte schliesslich die eigenthümliche Form der Säckchen sein. Welchen anderen Zweck kann die zweizipfelige Gestalt derselben haben, als den einer Vergrösserung der Oberfläche? Gleichzeitig wird dadurch bedingt, dass jedes Ei mit der Membran des Säckchens in unmittelbare Berührung tritt. Nirgend finden wir, dass eines derselben zwischen andern eingeschlossen liegt; vielmehr sehen wir, dass die Eier zu zwei einfachen Säulen über einandergeschichtet in die beiden Zipfel aufsteigen. Es kann also das Blut, welches die in die Leibeshöhle frei hineinragenden Saeckchen allseitig umspült, allen Eiern im gleichen Grade zu Gute kommen.

Ich will hier noch auf einige Erscheinungen hinweisen, die sich am mütterlichen Körper bemerkbar machen, während die Entwickelung der Eier in den Brutbehältern ihren Verlauf nimmt. Zunächst schrumpfen die erweiterten Wandungen der receptacula seminis wieder zusammen, nachdem die Befruchtung und die Umlagerung der Eier erfolgt ist und die Ovidukte nehmen annähernd ihre ursprüngliche Gestalt wieder an (Taf. VI, Fig. 13). In den geschrumpften Ovarien, welche den Brutsäckchen dorsal aufliegen, bemerken wir eine Anzahl zurückgebliebener Spermatozoen zu Bündeln vereinigt; ein Beweis, dass die Befruchtung in den Ovarien selbst stattgefunden hat.

Eine sehr merkwürdige Veränderung aber ist in der Gegend der weiblichen Genitalöffnungen vor sich gegangen: über diese sehen wir jetzt die cuticula des Segments sich continuirlich herüberwölben, während ein solider Chitingriffel von ihr ausgehend in die innere Höhlung des Ovidukts weit hineinragt. Offenbar ist dieser Chitinstab durch cuticulare Ausscheidung von Seiten der Wände des Ovidukts gebildet worden. Wenn nun so auch ein äusserer Verschluss der Ovidukte zu Stande gekommen ist, so kann man dennoch nicht sagen, dass dieselben jetzt in Wirklichkeit blind endigen; vielmehr haben sich ihre Wandungen von den Griffeln etwas abgehoben und es zeigt sich, dass ihr lumen frei in den Hohlraum zwischen cuticula und matrix der Bauchhaut hineinmündet (Taf. VI. Fig. 13).

Es erinnert dies lebhaft an die analogen Einrichtungen, welche von Schöbl bei den geschlechtsreifen Weibchen von *Porcellio scaber* beobachtet worden sind, und ich habe bereits darauf aufmerksam gemacht, dass die Analogie dieser Verhältnisse vielleicht eine vollständigere sein dürfte, als es nach der Schilderung von Schöbl den Anschein hat. Es würde alsdann der eigenthümliche Vorgang der Eiablage in der Gruppe der Onisciden in einem etwas anderen Lichte erscheinen. Ein bemerkenswerther Unterschied besteht allerdings darin, dass diese Einrichtung dort schon vor der Eiablage vorhanden ist, während sie hier erst nach derselben zur Ausbildung kommt. Welches der Zweck derselben bei *Sphaeroma* ist, vermag ich nicht zu sagen. Man wird aber vielleicht annehmen dürfen, dass die Persistenz von zwei so ausgedehnten Oeffnungen, wie es die Genitalspalten nach der letzten Häutung sind, für den Organismus, insbesondere für die Neubildung der Eier in den Ovarien nicht vortheilhaft sei.

Es bleibt mir noch übrig, die Angabe von Hesse kurz zu besprechen, dass die Brutlamellen während der Entwicklung der Brut zusammenschrumpfen sollen. Indem die Embryonen heranwachsen, wölbt sich die Bauchhaut des Mutterthieres immer stärker vor und drängt naturgemäss die Lamellen etwas zur Seite, sodass sie bei der Aufsicht verkürzt erscheinen (Taf. I, Fig. 5.) Andererseits habe ich aber auch in zahlreichen Fällen eine wirkliche Schrumpfung bemerken können. Diese scheint in einer Degeneration des Chitins begründet zu sein, welche am medianen Rande der Lamelle ihren Anfang nimmt und gelegentlich eine nicht unbeträchtliche Verkürzung derselben zur Folge haben kann. Möglich, dass Hesse solche Fälle vorgelegen haben. Indessen ist dies keineswegs das normale Verhalten. In den meisten Fällen sehen wir, dass die Brutblätter bis zum Ende der embryonalen Entwicklung in ihrer ganzen Länge persistiren, und nachdem die Brustpartie in Folge der Geburt der Larven zusammengesunken ist, bemerken wir sogar, dass sie sich in der Medianlinie des Körpers mit ihren Rändern gegenseitig decken.

Was nun den Geburtsakt selbst anbetrifft, so habe ich Gelegenheit gehabt, denselben bei einem Weibchen zu beobachten. Wie sich erwarten liess, erfolgt die Entleerung der Säckchen direkt durch die äusseren Mündungen, durch welche die Eier ursprünglich in dieselben aufgenommen wurden. Wir haben es also mit acht getrennten Geburtsöffnungen zu thun.

Bereits lange vor dem Ausschlüpfen sieht man die jungen Larven im Inneren der Säckchen lebhafte Bewegungen ausführen. Die äussere Organisation, die Segmentirung des Körpers, lässt sich deutlich wahrnehmen und namentlich schimmern die mächtigen glänzenden Augen auffällig durch die Haut des Mutterthieres hindurch. Bald erscheint denn auch ein Kopf oder ein Abdomen über der Mündung eines der Säckchen, und wir sehen nun, dass das Junge sich allein durch lebhafte Eigenbewegungen seines Körpers aus seinem Brutbehälter hervorarbeitet.

Ich habe niemals bemerkt, dass zwei Junge zu gleicher Zeit auskrochen, wohl aber erscheinen gewöhnlich zwei in rascher Folge hinter einander. Beide verweilen dann noch eine kurze Zeit (selten länger als eine Stunde) innerhalb der Brutlamellen.

Welchen Zweck dieses Verweilen hat, dürfte in folgender Beobachtung eine Erklärung finden. Wenn die Jungen die Säckchen verlassen, erscheint ihr Abdomen seitlich etwas zusammgedrückt, indem ihnen hier noch Reste von Eihüllen anhaften, während der Kopf bereits frei hervorragt. Ob diese Reste durch das Chorion repräsentirt werden, oder eine Larvenhaut darstellen, habe ich nicht ermitteln können. Gewöhnlich erfolgt nun die völlige Abstreifung dieser Hüllen während des kurzen Aufenthalts der Larven im Brutraum der Mutter, und erst wenn dieses geschehen ist, werden sie durch ein momentanes Auseinanderschlagen der Brutlamellen in Freiheit gesetzt.

Bei der Geburt aller folgenden wiederholt sich dasselbe Schauspiel. Indem zwischen je zwei Geburten oft eine längere Pause eingeschoben ist, nimmt der ganze Vorgang mehrere Tage in Anspruch. In dem Falle, welchen ich beobachten konnte, entschlüpften nur 14 Junge den Säckchen, doch geschah dies gegen Ende August, also zu einer Zeit, wo die Intensität der Fortpflanzung bereits nachzulassen beginnt.

Die neugeborenen Larven (Taf. 1 Fig. 8 und 9) gleichen in ihrer Körperform fast vollkommen den ausgebildeten Thieren; nur fehlt ihnen, wie allen Isopodenlarven, das siebente Beinpaar, während das entsprechende Segment bereits als eingeschobenes Glied angelegt ist. Der Kopfabschnitt erscheint proportionirt, doch machen sich die Augen durch ihre unverhältnissmässige Grösse auffällig bemerkbar. Die unteren Antennen sind völlig entwickelt, während die oberen an Stelle der Geissel nur ein einziges Glied aufweisen, welches an seiner Spitze mit einem Büschel pinselförmiger Borsten besetzt ist. Da die innere Organisation der Larven im ersten Theil dieser Abhandlung eingehend geschildert worden ist, kann ich hier davon absehen, und ich hebe nur hervor, dass die Ganglienkette schon bei äusserlicher Betrachtung in ihrem ganzen Verlauf hervortritt, bemerkenswerth durch die noch völlig getrennten Anlagen der Abdominalganglien (Taf. 1, Fig. 9).

In dem Maasse, wie die Jungen die Brutsäckchen verlassen, schrumpfen diese zusammen und können schliesslich wieder wie vor ihrer Entfaltung als kleine, weisse, kreisförmige Scheiben durch die äussere Haut hindurchschimmernd zu beiden Seiten der Ganglienkette wahrgenommen werden. Ob dieselben Säckchen zu einer nochmaligen Brutperiode Verwendung finden, vermag ich nicht zu sagen; ich glaube aber, dass dies nicht der Fall ist. Denn ich habe bei Weibchen, welche ihre Brut abgesetzt hatten, niemals eine vorgeschrittene Neubildung von Eiern in den Ovarien beobachten können. Wohl aber habe ich häufig die Bemerkung gemacht, dass solche Weibchen sich zu einem Häutungsprozess vorbereiteten. Es hatte sich nämlich die Bauchchitinhaut weit von der Hypodermis abgehoben und mit sich die innern chitinösen Membranen der Säckchen, die zu kleinen Knöpfchen zusammengeschrumpft an ihr hingen, aus der Leibeshöhle herausgezogen. —

Es kann wohl vorausgesetzt werden, dass die hier geschilderte sehr eigenartige Brutpflege nicht auf die beobachtete Species allein beschränkt ist, dass sie zum mindesten unter den Arten der Gattung *Sphaeroma* eine allgemeinere Verbreitung besitzen dürfte.

In wie fern allerdings in den andern Gattungen der Sphaeromiden ähnliche Verhältnisse ausgebildet sind; ob namentlich die Achtzahl der Brutsäckchen überall gewahrt, ob die Anordnung derselben im Körper überall dieselbe ist: das werden erst weitere und umfassendere Untersuchungen zeigen können. Gewiss ist die Möglichkeit nicht ausgeschlossen, dass sich hier im Einzelnen abweichende Verhältnisse finden werden.

So viel aber scheint aus allen bisherigen Erfahrungen mit Sicherheit hervorzugehen, dass ausserhalb der Familie der Sphaeromiden bei den freilebenden Isopoden, einschliesslich der ektoparasitischen Aegiden und Cymothoiden, analoge Erscheinungen nirgend vorkommen.

Diese Thatsache legt uns die Frage nahe, wie wir uns eine solche abweichende Brutpflege in einer vereinzelten Gruppe entstanden zu denken haben. Knüpft dieselbe an die für die Ordnung als normal erkannten Erscheinungen an und kann sie aus jenen hergeleitet werden; oder führt sie uns ein ursprüngliches Verhalten vor Augen, welches in den andern Gruppen nur abgeändert worden ist?

Auf diese Frage lässt sich schon jetzt mit einiger Sicherheit antworten, dass die eigenartige Brutpflege der Sphaeromiden als eine secundäre Erscheinung zu betrachten, dass sie zweifellos aus dem normalen Typus der Brutpflege, welchen wir bei den übrigen Isopoden so allgemein ausgeprägt finden, erst hervorgegangen ist. Dafür spricht ganz unzweideutig das Vorhandensein der Brutlamellen. Dieselben erscheinen uns hier morphologisch, sowie funktionell als rückgebildete Organe, deren Bestimmung allein darin besteht, die abgelegten Eier solange festzuhalten, bis sie in die Brutsäckchen aufgenommen worden sind. Denn in der häufig nur auf Augenblicke beschränkten Fixirung der ausgeschlüpften Larven wird man kaum eine wesentliche Funktion dieser Organe erblicken können. In wie fern weiterhin der eigenthümliche Bildungsmodus der Brutlamellen für die hier vertretene Anschauung geltend gemacht werden kann, ist bereits im Vorhergehenden gezeigt worden.

Wir werden also die Brutpflege der *Sphaeroma rugicauda* als eine, wenn auch weitgehende Modifikation des für die Isopoden allgemein charakteristischen Verhaltens aufzufassen haben, und es wird von Interesse sein, zu erfahren, ob sich in irgend einer Gruppe der Sphaeromiden diese ursprüngliche Form der Brutpflege noch heute erhalten hat.

Die Brutpflege im Brutraum.

Es ist im vorhergehenden Abschnitt gezeigt worden, dass in der Familie der Sphaeromiden die Eier während ihrer ganzen Entwicklung in einer sehr innigen Berührung mit dem mütterlichen Organismus verbleiben. Eine Folge dieser innigen Verbindung ist, dass die embryonale Entwickelung von einem nicht unbedeutenden Wachsthum begleitet wird, welches nicht allein auf das Dottermaterial des reifen

Eies zurückführbar erscheint, sondern die Annahme nothwendig macht, dass eine Ernährung vom Blute des Mutterthieres aus stattfinden müsse.

Diese Wahrnehmung legt uns die Frage nahe, welche Beziehungen bei den Isopoden im Allgemeinen zwischen der Brut und dem mütterlichen Organismus bestehen; ob die Brutpflege im Brutraum lediglich den Zweck hat, der Nachkommenschaft einen wirksamen äussern Schutz zu gewähren; oder ob eine weitere Betheiligung der Mutter an der Embryonalentwicklung durch Zuführung von Nährmaterial auch hier nachgewiesen werden kann.

Ich will im Folgenden versuchen, dieser Frage näher zu treten; ich betone aber, dass ich nur einen kleinen Beitrag zur Beantwortung derselben hier liefern kann, da meine Beobachtungen sich auf ein beschränktes Material beziehen und dass erst weitere und umfassendere Untersuchungen einen genaueren Aufschluss über diese Verhältnisse werden geben können.

Die Frage, ob bei den Isopoden eine Ernährung der Embryonen in der Bruthöhle stattfindet, ist nicht neu; sie ist bereits von Heinrich Rathke eingehend erörtert worden. In seinen „Untersuchungen über die Bildung und Entwicklung des *Oniscus (Asellus) aquaticus*" heisst es:[1] „Wenn die Frucht der Wasserasseln ihre Eihüllen abgestreift hat, verbleibt sie doch noch geraume Zeit in ihrer Bruthöhle und bildet sich in diesem Raume, ohne jedoch sich mit der Mutter in einer innigen und festen Verbindung zu befinden, insoweit aus, dass sie zuletzt das Ei, in welchem sie ihren Ursprung nahm, an Masse wenigstens acht Mal übertrifft".

In der Entwickelungsgeschichte der Crustaceen" kommt er wiederholt auf diese Frage zurück. So finden wir über *Janira Nordmanni* die Bemerkung[2]: „Ungefähr um die Mitte des Fruchtlebens sind die einzelnen Dotterkörner sowohl in dem Darmschlauch als in den Dottersäckchen ansehnlich grösser als in denjenigen Eiern, in welchen noch keine Spur von einem Embryo zu bemerken ist. — Der Embryo ist zuletzt sehr viel grösser, als es das Ei war, da es in die Bruthöhle gelangte."

Aehnlich über *Ligia Brantii*[3]: „Während das Junge, befreit von den Eihüllen, in der Bruthöhle der Mutter verweilt, nimmt es nicht unbedeutend an Länge und Breite zu, mehr als es auf Kosten des jetzt völlig verschwindenden Dotters geschehen könnte." Bei *Idothea Basteri* fand er[4] die ältesten Jungen etwa noch einmal so gross, als diejenigen Eier, in welchen noch keine Spur eines Embryos vorhanden war.

Einige eigene Messungen führten mich zu folgenden Ergebnissen. Bei *Asellus aquaticus* besitzt das frisch gelegte Ei einen Durchmesser von 0,32 mm, also ein Volumen von 0,0165 cmm. Eine völlig entwickelte bewegliche Larve aus dem Brutraum zeigte eine Länge von 1,02 mm auf eine Breite von 0,29 mm und eine Höhe von ca. 0,16 mm. Dies ergiebt nach einer analogen Berechnung, wie sie im vorhergehenden Abschnitt für *Sphaeroma rugicauda* ausgeführt wurde, ein Volumen von ca. 0,0473 cmm, also nahezu das dreifache des Eivolumens. Ob damit das Wachsthum der Larve innerhalb des Brut-

---

[1] Heinrich Rathke, Abhandlungen zur Bildungs- und Entwicklungsgeschichte des Menschen und der Thiere. Erster Theil. 1832. p. 8.
[2] Derselbe, Zur Morphologie. Reisebemerkungen aus Taurien 1837. p. 71.
[3] ebenda, p. 69.
[4] ebenda, p. 63.

raums schon abgeschlossen ist, vermag ich nicht zu sagen; indessen scheint die oben citirte Angabe von Rathke, wenn auch wohl etwas zu hoch gegriffen, darauf hinzudeuten, dass die von mir beobachtete Larve noch nicht ihre definitive Grösse erreicht hatte.

Für *Idothea tricuspidata* ergaben sich, freilich nach Messungen an conservirtem Material, folgende Verhältnisse: Die im Brutraum befindlichen, kugelig gestalteten Eier besitzen einen Durchmesser von 0,56 mm, was einem Volum von 0,0929 cmm entsprechen würde. Ein aus den Eihüllen befreiter Embryo, dessen Gliedmaassen sich bereits deutlich vom Körper abgehoben hatten, mass 1,44 mm in der Länge, 0,35 mm in der Breite; die mittlere Höhe betrug in der Medianlinie des Körpers 0,22 mm. Danach betrug sein Volum ca. 0,1109 cmm, also wenig mehr als das Eivolum. Dem gegenüber zeigten sich Embryonen beträchtlich gewachsen, welche, aus dem Brutraum entfernt, bereits lebhaft im Wasser umherschwammen; also offenbar im Begriff gewesen waren, demnächst auszuschlüpfen. Dieselben besassen eine Länge von 2,52 mm auf eine Breite von 0,48 mm und eine mittlere Höhe von 0,35 mm. Dies ergiebt nach einer analogen Berechnung ein Volum von 0,4234 cmm, also nahezu das Fünffache des Eivolums. Die Zahlen beweisen gleichzeitig, dass gerade in der letzten Periode des Verweilens im Brutraum das Wachsthum ein besonders lebhaftes ist.

Noch deutlicher als diese Grössendifferenzen spricht der Umstand, dass die Asselembryonen nicht nur sehr frühzeitig die Eihüllen abstreifen, sondern bereits lange, ehe sie den Brutraum verlassen, einem regelrechten Häutungsprozess unterworfen sind. Rathke hat diese Thatsache richtig als Folge eines Wachsthums gedeutet, wenn er sagt[1]: Während der Embryo (von *Asellus*) sich auf die beschriebene Weise immer mehr ausbildet, nimmt derselbe und der in ihm eingeschlossene Dotter auch an Umfang etwas zu. Dadurch wird nun seine Oberfläche der Oberfläche des Eies immer näher gebracht, bis der Zwischenraum, welcher sich früher zwischen dem Chorion und dem Dotter vorfand, von ihm völlig ausgefüllt und zuletzt das Chorion durch ihn zersprengt wird.[2]

Im gleichen Sinne spricht sich Dohrn[3] aus: „Von diesen beiden Häuten (Chorion und Dotterhaut) sehen wir jetzt nur noch die letztere. Das Chorion ist durch die wachsende Ausdehnung der blattförmigen Anhänge und durch das Wachsthum des ganzen Embryo gesprengt worden und der Embryo herausgetreten." Die zartere Dotterhaut ist ausdehnungsfähiger als das Chorion, sie platzt erst später, nachdem sich innerhalb derselben eine neue cuticulare Hülle, die Larvenhaut (cuticule nauplienne van Beneden), um den Embryo gebildet hat. Schliesslich wird auch die Larvenhaut durch den mächtig gewachsenen Kopftheil des Embryos gesprengt und die Larve tritt aus derselben hervor, umhüllt von einer neuen cuticula, welche sich den veränderten Körperformen angepasst hat.

Wenn es nach den angeführten Thatsachen nicht zweifelhaft sein kann, dass bei zahlreichen Isopoden ein beträchtliches Wachsthum die embryonale Entwickelung begleitet, so müssen wir weiter fragen, worauf dieses Wachsthum beruht. Auch darüber hat sich Rathke ausführlich geäussert. „Von dieser Vergrösserung", sagt er[4], „lassen sich zwei verschiedene Ursachen denken. Entweder

---

[1] Rathke, Abhandl. z. Bild. u. Entw. d. Menschen etc. p. 8.
[2] Ebenso über *Ligia Brandtii* Morph. p. 68 : „Um die Zeit, da der Embryo das dünner gewordene Chorion sprengen will, ist das Ei beinahe noch einmal so gross, als es damals war, als es in die Bruthöhle gelangte."
[3] Dohrn, Die embryonale Entwicklung des *Asellus aquaticus*. Zeitschr. f. wiss. Zool. XVII. 1867 p. 243.
[4] Morphologie p. 98.

nimmt das Ei in Folge seiner Lebensprozesse und nach den Gesetzen der Endosmose aus seiner Umgebung nur Wasser auf und es wird durch dieses dann der dickliche Dotter in seinen einzelnen Körnern aufgeschwellt, gleichsam nur verdünnt. Oder es nimmt das Ei aus seiner Umgebung nicht bloss Wasser, sondern auch einen formlosen organischen Stoff auf, der dann zur weitern Ausbildung des Embryos verwendet wird. Wie es mir bedünken will, ist es wohl die letztere Ursache, welcher das Ei seine allmähliche Vergrösserung verdankt, obwohl es mit der Mutter nicht in einer organischen Verbindung steht, wie das Ei der Säugethiere, sondern vielmehr ganz lose in der Bruthöhle liegen bleibt. Denn erstens vergrössert sich der Embryo und mit ihm der Umfang des ganzen Eies erst dann am meisten, wenn der Dotter schon grossentheils verzehrt ist, wenn seine Körner schon am stärksten angeschwellt sind, und wenn seine Abnahme schon langsamer erfolgt als früherhin. Die Beobachtung spricht aber keineswegs dafür, dass jetzt die einzelnen, in der Entwickelung begriffenen Theile des Embryos besonders nur durch Aufnahme von wässerigen Stoffen vergrössert werden, da ihre Substanz jetzt nicht weicher, sondern gegentheils fester wird. Zweitens ist die Flüssigkeit, welche mit den Eiern in der Bruthöhle vorgefunden wird, nicht etwa blosses Wasser, sondern enthält, wie ich oft genug bemerkt habe, organischen Stoff, namentlich Eiweiss, aufgelöst."

Dass die Flüssigkeit, welche die Eier in der Bruthöhle umgiebt, in der That nicht blosses Wasser ist, davon kann man sich durch einen einfachen Versuch überzeugen.[1]) Entfernt man die frisch gelegten Eier des *Asellus aquaticus* aus dem Brutraum und bringt sie in Wasser, so beginnen sie sehr bald zu quellen, das Chorion hebt sich weit vom Dotter ab; die Eier entwickeln sich nicht weiter und gehen sehr bald zu Grunde. Diese Beobachtung zeigt deutlich, dass das Fruchtwasser des Brutraumes noch andere Bestandtheile enthalten muss als reines Wasser.

Dass dies Eiweissstoffe seien, schloss Rathke aus folgendem Versuch: Er legte trächtige Weibchen von *Asellus aquaticus*, nachdem er sie sorgfältig abgetrocknet hatte, in eine kleine Quantität von Weingeist oder Sublimatlösung und fand dann in der Regel, nachdem er in solcher Flüssigkeit den Brutraum geöffnet hatte, ein sehr schwaches und weissliches Gerinnsel mit dieser Flüssigkeit vermischt.[2])

Ich kann diese Beobachtung durchaus bestätigen und hinzufügen, dass dieselbe Reaktion bereits eintritt, ehe die Eier in den Brutraum abgelegt worden sind. Tödtet man ein solches Weibchen in Alkohol und schlägt man die Brutlamellen auseinander, so erscheint die ganze Bruthöhlung mit einer flockigen weissen Masse erfüllt, deren Quantität durchaus nicht so unbedeutend ist als Rathke angiebt. Behandelt man ein trächtiges Weibchen in der gleichen Weise, so zeigt sich, dass die Embryonen infolge der Alkoholwirkung zu einer einheitlichen zusammenhängenden Masse durch eben jene Substanz verkittet worden sind.

Was kann diese Substanz anderes sein als coagulirtes Eiweiss, welches dem Fruchtwasser des Brutraumes vom Blute des Mutterthieres aus in gelöster Form beigemischt worden ist und aus derselben Quelle fortwährend ergänzt wird?

[1]) cf. Weismann, Beiträge zur Naturgeschichte der Daphniden. Z. f. w. Z.
[2]) v. Beneden theilt dieselbe Wahrnehmung mit. Recherches sur l'embryogénie des Crustacées. Bulletins de l'acad. roy. d. sciences de Belgique. p. 63.

In welcher Weise geschieht nun aber diese Abscheidung nährender Bestandtheile aus dem mütterlichen Blut in den Brutraum hinein? Oeffnungen, welche aus der Leibeshöhle in den Brutraum hinüberführen, können, bei *Asellus* wenigstens, nicht nachgewiesen werden; auch scheint mir eine Diffusion des Blutes durch die Haut der Brustsegmente hindurch, wie sie Rathke[1]) annimmt, sehr wenig Wahrscheinlichkeit für sich zu haben.

Betrachten wir einen Querschnitt wie Fig. 3 und Fig. 7, Taf. III, so sehen wir, dass die in der Medianlinie des Rumpfes hinziehende Ganglienkette mit der Hypodermis der Brustsegmente fest verbunden ist. Zu beiden Seiten derselben verlaufen die breiten Längsmuskelzüge des Bauches, ebenfalls fest an die Hypodermis sich anschmiegend. Es bleiben also nur schmale Lücken frei, durch welche der Blutstrom der Leibeshöhle mit der Bauchhaut in unmittelbare Berührung treten kann, und es leuchtet ein, dass eine solche Organisation einer Diosmose in den Brutraum hinein wenig günstig sein muss.

Man könnte nun glauben, dass eine besondere Zartheit der Haut an dieser Stelle eine Blutdiffusion befördere; indessen ist bei *Asellus* wenigstens die cuticula hier nicht merklich dünner als an denjenigen Brustsegmenten, welche ausserhalb des Brutraums gelegen sind. Ich will nicht unerwähnt lassen, dass bei *Idothea entomon* allerdings die Hautpartie, welche den Boden des Brutraums bildet, in sofern modificirt erscheint, als sie die mächtigen Chitinleisten vermissen lässt, welche bei Männchen und nicht trächtigen Weibchen in der *cuticula* der Brustsegmente auftreten. Jedoch glaube ich, dass diese Einrichtung in erster Linie den Zweck hat, die Embryonen vor zu heftigem Druck und starker Reibung zu bewahren; andererseits ist die Haut auch hier keineswegs dünner als etwa die Gelenkmembranen der hinteren Brust- und Rückensegmente; und da an diesen Stellen keine Diffusion stattfindet, wird sie auch dort geleugnet werden müssen. Ueberhaupt hat die Annahme einer einfachen Diosmose des Blutes durch die Körperwandungen etwas Missliches.

Wir werden daher vermuthen dürfen, ähnlich wie bei den Daphniden auch hier besondere anatomische Einrichtungen vorzufinden, welche unter erhöhtem Druck eine Filtration von Blutbestandtheilen in den Brutraum hinein denkbar erscheinen lassen. Eine solche Einrichtung sehe ich bei *Asellus aquaticus* in dem Bau der Brutlamellen. Derselbe ist bisher wenig beachtet worden; man begnügte sich, die Lamellen als chitinöse Schutzorgane der Brut zu betrachten, ohne indess ihrer feineren Struktur eine eingehende Aufmerksamkeit zu schenken.

Bereits in der Schilderung der Entstehung dieser Organe habe ich auf Eigenthümlichkeiten im histologischen Bau derselben hingewiesen, welche mit fortschreitender Entwickelung immer schärfer zum Ausdruck kommen. Es zeigte sich, dass die beiden Hypodermisblätter, welche ursprünglich in einfacher Lage die obere und untere Wand der Lamelle von innen auskleiden, zur Herstellung eines Systems communicirender Höhlungen und Gänge Verwendung finden, in welchen vielfach verzweigte Blutbahnen ihren Verlauf nehmen.

Die Flächenansicht einer frisch entfalteten Brutlamelle lässt bei mittlerer Vergrösserung diese Struktur deutlich erkennen. (Taf. VII, Fig. 1.) Sie zeigt uns das Bild zahlreicher unregelmässig an-

---

[1] l. c. p. 17.

grenzter Substanzinseln, gebildet durch lokale Anhäufung hypodermaler Zellen, und zwischen jenen ein complicirtes Netz nach allen Richtungen sich verzweigender und in einander übergehender Canäle. Im Innern dieser Canäle bemerken wir zahlreiche Blutkörperchen regellos vertheilt, welche sich von den Zellen der Hypodermis durch ihre rundliche Gestalt sehr scharf abheben und bei stärkerer Vergrösserung als mehr oder weniger kreisförmige Bläschen erscheinen (Taf. V, Fig. 7), einen lebhaft tingirten Kern in einem hellen peripheren Hof einschliessend.

Die aus dem Oberflächenbild erschlossene Struktur wird durch den Querschnitt vollkommen bestätigt (Taf. V, Fig. 7). Man überzeugt sich, dass die Abtheilung des Binnenraums der Hohllamelle in zahllose Maschenräume durch Stützpfeiler hergestellt wird, welche von der oberen zur unteren Wand verlaufen. Diese werden allein durch eigenthümliche Anordnung und Vereinigung gegenüberliegender Gruppen von Hypodermiszellen gebildet. Die Maschenräume besitzen eine verschiedene Weite, da die Stützpfeiler an einzelnen Stellen näher an einander gerückt sind als an andern. Indem gleichzeitig die Kerne der Zellen an den Stützpfeilern besonders angehäuft erscheinen, während gegen die *cuticula* hin eine meist kernlose Plasmaschicht die Canäle begrenzt, wird in der Flächenansicht das Bild der Substanzinseln hervorgerufen. Wir haben es sonach hier mit jener charakteristischen Gewebeform zu thun, wie sie überall da bei *Crustaceen* sich findet, wo lamellöse Hautduplikaturen in Form von Schalenbildungen, Kiemenblättern und dergl. uns entgegentreten.

An frisch entfalteten Lamellen, deren beide Blätter noch nicht durch den Druck der eintretenden Eier eng an einandergepresst sind, erscheint das Gewebe wie durch aufgesogene Flüssigkeit geschwellt (Taf. III, Fig. 11).

Neben den lacunären blutführenden Canälen findet man nun weiterhin noch ein geschlossenes arterielles Gefässsystem innerhalb der Brutlamellen ausgebildet vor. Dasselbe wird durch eine feine Arterie repräsentirt, welche die Lamelle ihrer ganzen Länge nach durchzieht (Taf. VII, Fig. 1) und nach beiden Seiten zahlreiche Aeste abgiebt, die entweder ungetheilt gegen den Rand hin verlaufen, oder sich ihrerseits wieder in feinere Verzweigungen auflösen. Die Wand der Arterie wird durch eine zarte Bindegewebsmembran gebildet, welche mit platten länglichen Kernen in grösseren und kleineren Abständen versehen ist. Dieselbe Struktur zeigen auch die seitlichen Gefässverzweigungen. Diese verlaufen eine Strecke weit innerhalb des maschigen Gewebes, um dann plötzlich zu enden, doch setzt sich von ihrer Wandung aus je ein feiner Faden bis zum Rand der Lamelle hin fort und befestigt hier das Gefäss an der äusseren Chitinplatte. Der Faden scheint ebenso wie die Gefässwand bindegewebiger Natur zu sein, denn man bemerkt in seinem Verlauf einzelne Kerne, welche durch ihre eigenthümliche langspindelförmig ausgezogene Gestalt auffallen. In welcher Verbindung die in die Brutlamelle eintretende Arterie mit den Centralorganen des Kreislaufs steht, habe ich nicht ermitteln können; vermuthe aber, dass sie eine Abzweigung der das angrenzende Bein versorgenden Arterie repräsentirt. Die Circulation im Innern der Lamelle muss nun offenbar in der Weise geregelt sein, dass das durch die Arterie zugeführte Blut in die lacunären Canäle übergeht, sich durch diese nach allen Theilen des Organs hin verbreitet und schliesslich in die grossen lacunären Ströme der Leibeshöhle zurückgeleitet wird.

Nachdem die Eier in den Brutraum abgelegt worden sind, tritt an den Brutlamellen eine eigenthümliche Veränderung ein, indem das netzartige Gewebe, welches ursprünglich den ganzen Binnenraum derselben ausfüllte, sich von der gesammten Peripherie in gleichen Abständen zurückzuziehen beginnt.

Bereits in Fig. 1 sehen wir diese Schrumpfung ihren Anfang nehmen; sie schreitet fort, bis die periphere Begrenzungslinie des Gewebekörpers durch eine breite Zone von derjenigen der cuticularen Hülle getrennt ist; eine Zone, etwa derjenigen entsprechend, welche durch die Ränder der beiden angrenzenden und der gegenüberliegenden Lamelle bei natürlicher Lage gedeckt wird. Die Brutlamelle zeigt alsdann in der Flächenansicht das in Fig. 2 wiedergegebene sehr charakteristische Bild. Weiter geht die Schrumpfung zunächst nicht, vielmehr bleibt der so erreichte Zustand bis zum Ende der Embryonalentwickelung unverändert bestehen.

Indem die periphere Zone jetzt allein durch die beiden durchsichtigen Chitinblätter gebildet wird, treten einzelne Strukturen deutlicher als vorher zu Tage. In erster Linie fallen die Befestigungsfäden der Blutgefässe bei geeigneter schiefer Beleuchtung besonders scharf ins Auge, und es zeigt sich, dass dieselben jetzt vollkommen strukturlos sind; die langen spindelförmigen Kerne, welche ursprünglich denselben angelagert waren, sind also entweder geschwunden oder haben sich mit dem schrumpfenden Gewebe ebenfalls zurückgezogen.

Demnächst bemerken wir am Rande der Lamelle eigenthümliche Chitinstrukturen, welche auf einem gegen den Ansatzpunkt hin schmäler werdenden Streifen angeordnet sind. Bei stärkerer Vergrösserung geben sie sich als äusserst feine, kammartige Gebilde zu erkennen, kleine dichtgedrängte Leisten, welche mit zierlichen, schräg nach oben gerichteten Zähnchen besetzt erscheinen. Dieselben dienen zur Befestigung der Lamellen an einander, indem sie in entsprechende Vorrichtungen an der unteren Fläche der angrenzenden Lamelle eingreifen. Auf diese Weise kommt ein verhältnissmässig fester Verschluss der Bruthöhlung zu Stande.

Die geschilderte Struktur der Brutlamellen lässt keinen Zweifel darüber, dass dieselben blutführende Organe von hervorragender Bedeutung sind. Sollte aber die überaus reichliche Versorgung mit Blut, welche wir hier nachweisen konnten, keinen andern Zweck haben, als die Ernährung dieser Organe selbst und in letzter Instanz die Bildung der cuticularen Hülle, welche ja im Grunde allein eine Rolle spielt, wenn wir die Brutlamellen lediglich als Schutzorgane der Brut auffassen? Diese Funktion, die Bildung der cuticula, ist im Wesentlichen als erfüllt anzusehen, sobald die Brutlamellen fertig ausgebildet sind; denn es tritt später nur noch eine Verdickung der äusseren Platte ein, die jedoch in kürzester Zeit nach Ablage der Eier zum Abschluss kommt. Weiterhin ist dann eine Thätigkeit des blutführenden Gewebes in dieser Richtung nicht mehr wahrzunehmen und doch sehen wir, dass dasselbe bis zum Ende der embryonalen Entwickelung in Funktion bleibt. Ich glaube daher, dass wir in den Brutlamellen nicht ausschliesslich chitinöse Schutzorgane erblicken dürfen, dass ihnen vielmehr noch eine ganz andere Funktion zukommt, nämlich die Filtration von Blutbestandtheilen durch ihre innere Wand in den Brutraum hinein.

Es lassen sich dafür, mutatis mutandis, alle Gründe anführen, welche von Weismann für eine analoge Funktion der Daphnidenschale geltend gemacht worden sind. Durch die Ausbildung eines geschlossenen arteriellen Gefässes ist die Zufuhr frischen sauerstoffreichen Blutes direkt aus den Centralorganen des Kreislaufs gesichert. Das aus den zahlreichen seitlichen Verzweigungen offenbar in sehr reichlicher Menge austretende Blut verbreitet sich durch die lakunären Kanäle nach allen Richtungen der ausgedehnten Hohllamelle hin, während andererseits der Rückfluss nur durch den schmalen Gang erfolgen kann, durch welchen der Binnenraum der Lamelle mit der Leibeshöhle in Verbindung steht.

Es leuchtet ein, dass dadurch eine Stauung des Blutes im Innern der Lamelle hervorgebracht werden, dass dasselbe hier unter einem erhöhten Druck stehen muss. Berücksichtigen wir überdies die rein anatomische Thatsache, dass die innere Wand der cuticula ein äusserst zartes, unmessbar dünnes Häutchen ist, während die äussere stets beträchtlich verdickt erscheint (Taf. V, Fig 7), so sehen wir alle Bedingungen erfüllt, welche zu einer Filtration des Blutes in den Brutraum erforderlich sind.

Man könnte einwenden, dass die beschriebene Contraktion des Gewebekörpers der hier vorgetragenen Anschauung nicht günstig sei. Indessen haben wir gesehen, dass dieselbe sich nur auf eine bestimmte periphere Zone erstreckt, welche in natürlicher Lage durch die Ränder der angrenzenden Lamellen theils von oben, theils von unten gedeckt wird. Diese Zone ist also für eine Blutfiltration zum Theil unbrauchbar geworden und es hat keinen Zweck, dass sie mit lebendem Gewebe versorgt bleibt. Auch ist der Einwurf, dass ein solcher von Gewebe nicht erfüllter peripherer Raum die Druckverhältnisse im Innern der Lamelle ungünstig beeinflussen müsse, nicht stichhaltig; denn die beiden Chitinblätter legen sich hier so fest auf einander, dass es nicht mehr gelingt, sie durch Präparation von einander zu trennen.

Gerstäcker[1], der die lakunären Blutkanäle bereits gesehen hat, macht auf die Aehnlichkeit dieser Struktur mit den Kiemen aufmerksam und spricht die Vermuthung aus, dass den Brutlamellen eine respiratorische Funktion zu Gunsten der im Brutraum befindlichen Embryonen zukommen dürfte. Ich gebe zu, dass die Aehnlichkeit im Bau der Brutlamellen und der Kiemen auffällig genug ist, indessen besteht doch ein wesentlicher Unterschied in der Art, wie die Cirkulation in beiden Organen geregelt ist. In die Kiemen tritt das aus der Peritonealhöhle zurückkehrende Blut, welches bereits den ganzen Kreislauf durcheilt und alle Organe der vorderen Körperpartieen bespült hat, durch lakunäre, mit der Leibeshöhle in offener Verbindung stehende Kanäle ein und strömt dann, mit frischem Sauerstoff geschwängert, ebenfalls durch lakunäre Bahnen zum Herzen zurück. Den Brutlamellen dagegen wird dasselbe durch ein geschlossenes Gefäss, also wohl direkt von den Centralorganen des Kreislaufs her in frischer, sauerstoffreicher Form zugeleitet. Dieses Blut bedarf einer Erneuerung zunächst gar nicht; aber selbst vorausgesetzt, dass eine solche stattfände, wie ist es denkbar, dass ein Respirationsprozess der ja nur in Aufnahme von Sauerstoff aus der Umgebung besteht, den Embryonen im Brutraum zugute kommen soll? Dazu kommt, dass die grössere Dicke des äusseren Chitinblattes, auf die ich bereits aufmerksam gemacht habe, einer Respiration keineswegs günstig ist, während sie bei gleichzeitiger Zartheit des inneren Blattes eine Diffusion in den Brutraum entschieden befördern muss.

Nach Beendigung der embryonalen Entwickelung schrumpft das hypodermale Gewebe vollständig zusammen. In Figur 3 sehen wir eine solche Lamelle von *Idothea entomon* von der Innenseite betrachtet vor uns, einem Weibchen angehörig, dessen Junge den Brutraum bereits verlassen hatten. Die äussere Wand der cuticula erscheint in ihrer mittleren Partie durch eine mächtige Chitinplatte verdickt, welche nach den Rändern zu in zahlreiche mehr oder weniger breite Leisten und Streifen sich auflöst, während die innere ungemein dünn bleibt und wie ein zarter Schleier von jener mit der Nadel abgehoben werden kann. Das Gewebe ist völlig zusammengefallen; von ihm gehen zarte strukturlose Fäden nach allen Seiten aus, welche zweifellos mit den Aufhängefäden der Gefässe bei *Asellus aquaticus* als

---

[1] Gerstäcker in Bronn's Klassen und Ordnungen des Thierreichs. V. Bd. II. Abth. pag. 108.

identisch zu betrachten sind. Dieselben verlaufen bis zur Peripherie hin und treten hier in die theils grösseren, theils kleineren Stacheln und Haare ein, welche den Rand der Lamelle besetzen. Wenn bei der starken Schrumpfung des Gewebes ein arterielles Gefäss nicht nachgewiesen werden konnte, so scheint mir das Vorhandensein dieser Fäden für die Existenz eines solchen zu sprechen.

Sehr eigenthümlich gestaltet sind die Brutlamellen von *Anthura gracilis* (Fig. 4), einer Species, welche wie die vorhergehende für die Danziger Bucht charakteristisch ist. Dieselbe besitzt drei Paare sehr stattlicher Brutplatten an der Basis des dritten, vierten und fünften Thorakalbeinpaares. Entsprechend der sehr beträchtlichen Längsausdehnung der Brustsegmente, an welchen sie inserirt sind, erscheinen dieselben in der Breite mächtig entwickelt, um sich mit ihren seitlichen Rändern gegenseitig decken zu können. Der stark zusammengezogene Gewebekörper lässt zwei getrennt neben einander gelagerte Platten erkennen, welche nur am Grunde der Lamelle durch eine schmale Verbindungsbrücke im Zusammenhang stehen, die Form eines Hufeisens nachahmend. Dieser charakteristische Bau gestattet einen Rückschluss auf die Entstehung der merkwürdigen Doppellamelle, wenn wir die an *Asellus* gemachten Erfahrungen zu Hilfe nehmen.

Ich stelle sie mir so vor: Die ursprüngliche Hypodermisausstülpung, an der Ansatzstelle des Beines auftretend, trieb einen seitlichen Fortsatz, welcher rechtwinklig umbog und mit jener in gleicher Richtung gegen die Medianlinie des Körpers hin fortwuchs. Indem beide Fortsätze sich mit ihren inneren Rändern aneinanderlegten, bildeten sie eine gemeinschaftliche zusammenhängende cuticula auf ihrer Oberfläche aus, welche den Verwachsungsstreifen in der Mittellinie noch im ausgebildeten Zustand erkennen lässt, nachdem die Hypodermisplatten sich wieder von einander entfernt haben. Wir haben hier sonach eine dritte Modifikation der Brutlamellenbildung vor uns, welche geeignet ist, eine besonders ausgiebige flächenhafte Entwickelung in der Breite zu erzielen.

Das äussere Blatt der cuticula weist zwei verdickte Chitinleisten auf, welche, oberhalb der Gewebeplatten gelegen, in der Zeichnung nicht sichtbar sind und welche nach den Seitenrändern der Lamelle parallel angeordnete Querleisten entsenden. Das Gewebe zeigt die bekannte Struktur; auch wird jeder der beiden Fortsätze von einem geschlossenen arteriellen Gefäss mit seitlichen Verzweigungen der Länge nach durchzogen; ob diese beiden Arterien von einer gemeinsamen Wurzel entspringen, konnte ich nicht entscheiden, weil das Gewebe an dieser Stelle zu undurchsichtig ist. Weiterhin sehen wir auch hier die charakteristischen Befestigungsfäden auftreten, sowohl nach beiden Seitenrändern, als nach der Mittellinie der Lamelle hin ihren Verlauf nehmend. Zur Verbindung der Lamellen unter einander dienen, ähnlich wie bei *Asellus*, kleine kammartig gezähnte Chitinleistchen, welche dicht gedrängt und in grosser Zahl auf einer breiten Zone am Rande angeordnet sind.

Es scheint sonach, dass in den verschiedenen Familien der Isopoden die Struktur der Brutlamellen eine übereinstimmende ist, und es wird daher auch auf eine analoge Funktion derselben geschlossen werden können. Indessen mag die Entscheidung darüber weiteren Untersuchungen vorbehalten bleiben.

Dass übrigens in der Ernährungsweise der Brut auch sehr bemerkenswerthe Modifikationen vorkommen, beweist das Vorhandensein der von Treviranus sogenannten Cotyledonen oder Brutschläuche bei den *Oniscidea*.

Es sei gestattet, hier noch einmal auf *Sphaeroma rugicauda* zurückzugreifen. Die Struktur der Brutlamellen dieser Spezies wurde im vorhergehenden Abschnitt kurz besprochen und erwähnt, dass sich ein schmaler Zellstrang in den Raum zwischen den beiden Chitinblättern hineinstreckt (Taf. V, Fig. 5). Es wird nicht bezweifelt werden, dass derselbe den geschrumpften Gewebekörper der Hohllamelle darstellt. Bei allen trächtigen Weibchen, welche ich untersuchte, zeigte das Gewebe eine sehr beträchtliche Schrumpfung, bei den meisten hatte es sich vollständig aus der Lamelle zurückgezogen (Taf. I, Fig. 5); ja selbst unmittelbar nach der Entfaltung der Lamelle füllt es nicht mehr den ganzen Binnenraum derselben aus (Taf. VI, Fig. 12). Uebrigens zeigt das Gewebe im Querschnitt (Taf. III, Fig. 12), die bekannte maschige Struktur, wenn auch nicht in so charakteristischer Ausbildung wie bei *Asellus aquaticus*: zwischen dünnen Stützpfeilern grössere lakunäre Höhlungen eingeschlossen.

Leider habe ich nicht Gelegenheit gehabt, das Flächenbild einer frisch entfalteten Lamelle zu untersuchen, also auch nicht feststellen können, ob sie ein geschlossenes arterielles Gefäss besitzt. Da ich jedoch niemals die peripheren Befestigungsfäden auffinden konnte, glaube ich schliessen zu dürfen, dass ein solches hier fehlt.

Der Umstand, dass das Gewebe schon sehr frühzeitig, unmittelbar nach der Ablage der Eier in die Brutsäckchen zusammenschrumpft, stimmt sehr gut mit der reducirten Funktion desselben bei *Sphaeroma rugicauda* überein. Eine Ausscheidung von nährenden Bestandtheilen durch die Brutlamellen ist hier natürlich durch die abweichende Form der Brutpflege ausgeschlossen und das Gewebe hat also nur die Aufgabe, die cuticulare, stützende Hülle der Lamellen zu bilden; sobald es diese erfüllt hat, ist es überflüssig geworden.

Druck von Gebrüder Gotthelft in Cassel.

Bibliotheca zoologica. Heft X.

Tafel I.

Sphaeroma rugicauda.

Fig. 1. Jüngeres Weibchen von der Bauchseite. *go* Genitalöffnungen, *lam* stummelförmige Anlagen der Brutlamellen. *brs* Anlagen der 8 Brutsäckchen, durch die Bauchhaut hindurchschimmernd zu beiden Seiten der dunkel pigmentirten Ganglienkette.

Fig. II. Männchen von der Bauchseite. *pe* Penes, *vd* vasa deferentia durch die Haut hindurch sichtbar, *gr.* griffelförmige Anhänge am zweiten Pleopodenpaar.

Fig. III. Weibchen vom Rücken.

Fig. IV. Männchen vom Rücken.

Fig. V. Trächtiges Weibchen von der Bauchseite mit ausgebildeten Brutlamellen. In der Gegend des 6. Thorakalsegments, hinter den Brutlamellen, sind 2 Embryonen durch die Haut hindurch sichtbar.

Fig. VI. Von demselben Umrisse des Kopfes mit den Mundwerkzeugen. an^1, an^2 Antennen, *ep* Epistom, *lbr* Oberlippe, *md* Mandibel, *pa* Palpus mandibularis, mx^1 erste, mx^2 zweite Maxille, *p. mx* pes maxillaris, *la* Kauladen desselben.

Fig. VII. Kopf desselben von vorn. Bez. wie Fig. VI.

Fig. VIII und IX. Neugeborene Larven.

Tafel II.

Sphaeroma rugicauda.

Fig. 1. Sehr jugendliches Ovarium. Zeiss C oc. 1. halbe Grösse.
Fig. II. Aelteres Ovarium. Zeiss C oc. 1.
Fig. III. Reifes Ovarium mit abnorm entwickelten rudimentären Hodenfortsätzen. Leitz A oc. 1
Fig. IV. Querschnitt durch einen der Hodenschläuche von Fig. III.
Fig. V. Hoden eines jungen Männchens. Zeiss A oc. 1. halbe Grösse.
Fig. VI. Hoden eines geschlechtsreifen Männchens. Leitz 1 oc. 1.
Fig. VII. Anhang des Hodens cf. Fig. VI. starker vergr.
Fig. VIII. Querschnitt durch eine neugeborene Larve.
Fig. IX. Ein Teil desselben stärker vergrössert, die Anlagen der Genitalorgane darstellend.
Fig. X. Hoden eines sehr jungen Männchens.
Fig. XI. Geschlechtsreifes Männchen mit weiblicher Körperform.

Tafel III.

Fig. 1—XI. Asellus aquaticus.

Fig. I. Unterer Theil eines Querschnitts durch ein Brustsegment eines jüngeren Weibchens. *c* cuticula, *f* Erste Anlagen der Brutlamellen, *l* Leiste, *a* wahrscheinlich Stück eines Gefässes.
Fig. II. Dasselbe von einem etwas älteren Weibchen. Bez. wie in Fig. I, *b*. Blutkörperchen.
Fig. III. Querschnitt durch ein Brustsegment eines geschlechtsreifen, kurz vor der Eiablage stehenden Weibchens. Brutlamellen völlig ausgebildet, aber noch in der cuticula (c) der ventralen Fortsätze eingeschlossen. *rs* Richtungsspindel.
Fig. IV. Querschnitt durch einen ventralen Fortsatz. (cf. Fig. III.)
Fig. V. Querschnitt durch das 5. Segment eines ganz jungen Weibchens, die Anlage der Oviducte (od) zeigend. *ov* Ovarien.
Fig. VI. Querschnitt durch das 5. Segment eines älteren, aber noch nicht geschlechtsreifen Weibchens mit völlig ausgebildeten Oviducten (od). *da* Darm. *l* Leber. *n* Ganglion. *h* Herz. *ps* Pericardialsinus. *dr* Zenker'sche Drüsen. *bm* Bauchmuskeln. *or* Ovarien. *od* Oviducte.
Fig. VII. Querschnitt durch das 5. Thorakalsegment eines geschlechtsreifen Weibchens, welches vor der Eiablage steht. *rs* receptaculum seminis. *sp* Spermatozoen.
Fig. VIII. Theil des Schnittes Fig. V. stärker vergr. den in der Anlage begriffenen Oviduct darstellend. *e* Epithel des Oviducts. *b* Bindegewebe. *k* Anschwellung der Hypodermis.
Fig. IX. Schnitt durch einen ausgebildeten Oviduct nebst Ovarium. *c* Cuticula. *i* Intima. *e* Epithel des Oviducts. *t* Tunica propria des Oviducts. *t¹* des Ovariums. *b* Bindegewebsepithel des Oviducts. *b¹* des Ovariums. *f* Follikel.
Fig. X. Theil des Schnittes Fig. VII, den Oviduct eines geschlechtsreifen Weibchens darstellend. Bez. wie in Fig. IX. *sp* Sperma.
Fig. XI. Schnitt durch eine frisch entfaltete Brutlamelle von Asellus aquaticus.
Fig. XII. Dasselbe von Sphaeroma rugicauda.

Tafel IV.

Schnitte durch reifende Eier von Asellus aquaticus.

Fig. I—XIV mit Zeiss K (Imm.) Oc. 1.

Fig. I—IV. Schrumpfung des Keimbläschens, Verschwinden des Keimflecks.
Fig. V. Erste Richtungsspindel parallel zur Eioberfläche mit 4 längsgetheilten Chromosomen.
Fig. VI. Dieselbe senkrecht gegen die Oberfläche gerichtet.
Fig. VII und VIII. Stadium der Metakinese.
Fig. IX, X und XI. Abschnürung des ersten Richtungskörpers. *ch* Chorion. *dth* Dotterhaut.
Fig. XII. Zweite Richtungsspindel, erster Richtungskörper ausserhalb des Eies.
Fig. XIII. Bildung des zweiten Richtungskörpers.
Fig. XIV. Eikern nach Bildung des zweiten Richtungskörpers.
Fig. XV. Bildung des ersten Richtungskörpers *sp* Spermakern.
Fig. XVI. Erster Furchungskern in Theilung begriffen.

Bibliotheca zoologica. Heft X.

Tafel V.

Fig. I—VI. Sphaeroma rugicauda.

Fig. I. Bauchhaut herauspräparirt, von innen betrachtet. *ht* Haut. Der Darm *da* ist in der Mitte entfernt und lässt die darunter liegende Ganglienkette erkennen. Zu beiden Seiten derselben sind je 4 Brutsäckchen *brs* an der Bauchhaut befestigt und die Oviducte *od* nebst den Ovarien *or*.

Fig. II. Dasselbe Präparat aus einer späteren Trächtigkeitsperiode. Die 4 Brutsäckchen der einen Seite sind entfernt, statt ihrer die spaltförmigen Mündungen sichtbar. *ga* Ganglienkette. *pi* Pigmenthülle derselben. *chg* Chitingriffel des Oviducts an der Bauchhaut befestigt.

Fig. III. Spitze eines Brutsäckchens stärker vergr.

Fig. IV. Mündung eines Brutsäckchens von innen betrachtet.

Fig. V. Brutlamelle.

Fig. VI. Querschnitt durch das Herz einer neugeborenen Larve.

Fig. VII. Schnitt durch eine Brutlamelle von Asellus aquaticus. *cha* äussere, *chi* innere Chitinlamelle. *b* Blutkörperchen.

Tafel VIa.

Fig. I. Querschnitt durch ein Ovarium von Asellus aquaticus. *kl* Keimlager. *k.k* jugendliche. *kbl* ältere Keimbläschen. *bep* Bindegewebsepithel. *tpr* tunica propria.
Fig. II—IX. Sphaeroma rugicauda.
Fig. II—VI. Querschnitte durch das Herz von hinten nach vorn fortschreitend.
Fig. VII. Querschnitt durch ein geschlechtsreifes Weibchen. *ao* Aorta, *cu* cuticula, *ga* Ganglion. *da* Darm, *le* Leber, *brs* Anlagen der Brutsäckchen, *ov* Ovarien, *od* Oviducte.
Fig. VIII. Schnitt durch Ovarium und Oviduct eines jugendlichen Weibchens.
Fig. IX. Dasselbe von einem älteren Weibchen.

Tafel VIb.

Sphaeroma rugicauda.

Fig. X. Erste Anlage einer Brutlamelle (lam.) im Querschnitt.
Fig. XI. Späteres Stadium.
Fig. XII. Seitlicher Längsschnitt eines Weibchens, welches nach durchgemachter Häutung unmittelbar vor der Eiablage steht. *ov* Ovarium, *od* Oviduct, *brs* Brutsäckchen, zusammengefaltet. *lam* Brutlamellen.
Fig. XIII. Querschnitt durch ein trächtiges Weibchen. *ov* Ovarien, *sp* Sperma, *od* Oviducte, *chg* Chitingriffel, in dieselben hineinragend, *goe* Genitalöffnungen, *brs* Wandungen der Brutsäckchen, *spa* spaltförmige Mündungen derselben, *rf* Verschlussfalten, *lam* Brutlamellen.

Tafel VII.

Fig.   I. Frisch entfaltete Brutlamelle von Asellus aquaticus.
Fig. II. Von demselben, Brutlamelle aus einem späteren Trächtigkeitsstadium.
Fig. III. Brutlamelle einer Idothea entomon, welche die Jungen bereits abgesetzt hatte.
Fig. IV. Eine solche von Anthura gracilis.

Taf. III.

Taf. IV.

BIBLIOTHECA ZOOLOGICA.

Original-Abhandlungen

aus

dem Gesammtgebiete der Zoologie.

Herausgegeben

von

Dr. Rud. Leuckart   und   Dr. Carl Chun
in Leipzig   in Königsberg.

Heft 10.

Leichmann, Georg. Beiträge zur Naturgeschichte der Isopoden.

Mit 8 Tafeln.

CASSEL.
Verlag von Theodor Fischer
1891.